Observer les oiseaux au Québec

Photo de la couverture:
Un *Grand-duc d'Amérique* gonfle son plumage
pour intimider ses ennemis
YVES MAILHOT

Les éditeurs remercient le ministère des Affaires culturelles
pour l'aide apportée à la publication de cet ouvrage.

ISBN 2-920073-12-5

Dépôt légal — 1er trimestre 1984
Bibliothèque nationale du Québec
Bibliothèque nationale du Canada
Imprimé au Canada

Normand David, Michel Gosselin

Observer les oiseaux au Québec

2e édition

Collection

sous la direction de Félix Maltais

1984

Québec Science Éditeur
Presses de l'Université du Québec
Case postale 250, Sillery, Québec   G1T 2T1

Les auteurs tiennent à exprimer leur reconnaissance à toutes les personnes qui ont contribué à la réalisation de cet ouvrage, plus particulièrement à celles qui y ont été associées de près. Gaétan Duquette a aimablement accepté de signer le chapitre sur la photographie. Henri Ouellet et André Cyr ont bien voulu lire le manuscrit et ont offert des suggestions fort utiles. Jocelyne Dupont a dactylographié le texte de façon experte. Jean Piuze nous a communiqué des références et Louis Fortin nous a permis de tirer profit du document *Stage de formation d'animateurs en ornithologie* (C.J.S., 1980). Il nous est enfin agréable de souligner la précieuse contribution des ornithologues amateurs qui nous ont aimablement fourni les photographies illustrant ce livre.

TABLE DES MATIÈRES

PRÉFACE de Pierre Dansereau

La lunette a remplacé le fusil? Beaucoup d'amateurs de la nature vous le diront. Les écologistes se réjouiront de cette manifestation d'intérêt devant le milieu naturel. Il faut en donner beaucoup de crédit aux guetteurs d'oiseaux («bird-watchers»), qui ne sont généralement pas des ornithologues professionnels.

On peut sourire en voyant le visage sérieux de ces sportifs au pas feutré qui partent avant le jour, à l'affût des plumages colorés, à l'écoute des pépiements et des mélodies, avides de surprises et d'émois partagés. Leur démarche est pourtant bien intégrée dans le monde d'aujourd'hui où l'avion, les télécommunications, le cinéma, le théâtre expérimental et le rythme urbain offrent à chacun les alternances de recueillement et de participation qui vont de la nature sauvage à la discothèque.

Les usagers du livre de Normand David et Michel Gosselin seront certainement nombreux, car les auteurs rejoignent les amateurs d'oiseaux dans toutes les dimensions de leur curiosité. Ce volume, écrit par des professionnels pour des amateurs, se présente dans une langue très simple qui rejoint le vocabulaire de tous les jours. Mais il donne envie d'en savoir davantage, en passant par la confiance que l'observateur doit avoir en sa propre capacité de voir, d'entendre, de sentir et d'interpréter. Cette pédagogie est la plus sûre, mais elle ne peut résulter — spontanément d'ailleurs — que d'un grand amour du métier et d'une belle expérience du terrain.

Voici donc un petit manuel pratique, un guide de plein air qui réunit des renseignements et des conseils qu'on ne saurait trouver réunis nulle part ailleurs. Il rendra de grands services à une société qui cherchera bientôt à brouiller les frontières du travail et du loisir, et aux nombreux jeunes et vieux en mal d'étoffer leurs temps libres.

Le contenu repose solidement sur des assises scientifiques, car les auteurs ont déjà contribué d'une façon signalée à l'avancement de la science ornithologique dans le Québec. Ils appartiennent, d'autre part, à une génération de professionnels soucieux de transmettre directement leur message hors les murs de l'université, et capables de reconnaître à sa juste valeur la contribution d'amateurs éclairés et rigoureux.

Voilà donc le genre de participation à laquelle sont invités les usagers de ce manuel. Ils augmenteront leur plaisir de connaître, ils élargiront leur conscience du milieu et ils pourront contribuer modestement à l'avancement de la science.

Pierre Dansereau

1.
UN LOISIR
À LA PORTÉE DE TOUS

On dit avec raison que les oiseaux sont le thermomètre de l'environnement.

Quiconque se donne la peine de chercher ce qui se cache derrière des choses à l'apparence parfois aussi banale qu'une plante, un insecte ou un oiseau, est assuré de se voir révéler une dimension jusqu'alors inconnue du monde qui nous entoure.

L'observation des oiseaux se compare avantageusement à la plupart des activités de loisirs. Ouvert à un éventail très large de la population, ce loisir de plein air constitue un sain délassement et un enrichissement de l'esprit. L'ornithologie amateur peut être également un tremplin permettant l'accès à des préoccupations scientifiques qui sont loin d'être sans valeur. Ce n'est donc pas sans raison que le Livre Blanc sur le loisir au Québec (*On a un monde à récréer,* 1979) considère que les activités de loisir scientifique sont collectivement enrichissantes et «méritent d'être efficacement encouragées».

Observer les oiseaux, c'est s'ouvrir à tout un monde de réalités fascinantes comme l'évolution ou l'écologie, notions qui deviennent évidentes aux yeux de l'observateur le moindrement perspicace.

Bien sûr, ces notions n'ont pas toujours été aussi claires. Beaucoup seront heureux d'apprendre que les ornithologues amateurs ont joué et jouent encore à l'heure actuelle un grand rôle dans l'accroissement de nos connaissances scientifiques.

Au siècle dernier, l'étude des oiseaux était l'apanage d'individus bien nantis qui pouvaient disposer du temps et de l'argent nécessaires à l'accumulation d'imposantes collections de spécimens. Il s'agissait souvent de personnes ayant reçu une formation médicale ou similaire, que la passion des oiseaux avait amenées à s'imposer comme autorités dans le domaine. Certaines des collections ainsi réalisées ne représentaient en fait qu'un amalgame de curiosités; d'autres, mieux conçues, servirent de base à d'importants musées. D'ailleurs, une bonne partie de ce que nous connaissons aujourd'hui sur l'anatomie, la classification et la distribution des oiseaux vient du travail qui s'est accompli dans ces musées naissants.

Quel contraste avec ce qui se vit de nos jours! Les observations de milliers d'amateurs sont rassemblées dans des rapports saisonniers sur l'avifaune de l'Amérique du Nord; des milliers de dollars sont dépensés chaque année par les citoyens pour nourrir les oiseaux d'hiver qu'ils attirent à leurs postes d'alimentation. Combien d'excursions sont entreprises aux quatre coins du canton, du pays ou du continent, à la poursuite de «l'oiseau rare» qu'on ne trouve pas près de chez soi? Combien de photographies d'oiseaux, parfois superbes, sont prises par des amateurs, souvent à deux pas d'un centre-ville? Et, enfin, combien d'interventions populaires pour la sauvegarde des espaces verts urbains émanent de citoyens conscients de la nécessité de sauver l'habitat trop souvent violé de la gent ailée?

Que s'est-il passé depuis la fin du siècle dernier pour que les oiseaux suscitent un tel intérêt?

D'abord, la diminution évidente de diverses espèces entraîna l'imposition de restrictions à la chasse aux oiseaux et à la cueillette d'œufs, pratiques qui, jusqu'alors, n'avaient jamais vraiment été réglementées. Par ailleurs, la valeur économique des oiseaux et leur incidence sur la chasse, la pêche et l'agriculture nécessitaient l'étude de leurs comportements et de leurs liens avec l'environnement. Ces nouvelles études, maintenant poursuivies par des biologistes professionnels, ne pouvaient être effectuées uniquement à partir de spécimens et exigeaient plus d'observations sur le terrain.

Enfin et surtout, la jumelle, l'appareil photographique et le guide d'identification se sont substitués au fusil comme principaux outils de l'ornithologue et ont rendu possible l'observation scientifique des oiseaux sans qu'il faille entreprendre de coûteuses et laborieuses collections. Aujourd'hui, bien des aspects de la vie des oiseaux ont trouvé une explication scientifique. Cependant, même si des générations d'experts les ont étudiés, l'observation de la migration des oies ou du tambourinage des pics garde toujours son intérêt pour le profane soucieux d'admirer et de comprendre son environnement.

La plupart des ornithologues amateurs ne s'attribuent d'ailleurs aucune prétention scientifique, réduisant leurs activités à un sain divertissement. Divertissement d'autant plus attrayant qu'il englobe toutes les saisons et tous les points cardinaux.

Ce livre s'adresse à tous ceux qui s'intéressent à l'observation des oiseaux et qui veulent aller plus loin dans leur démarche de loisir. Qu'il soit propriétaire de nichoirs, promeneur du dimanche armé d'une jumelle ou fervent prêt à parcourir 500 km pour observer un oiseau qu'il n'a encore jamais vu, chacun y trouvera son compte, peu importent sa profession ou ses goûts.

L'ensemble des ressources disponibles y est mis à sa disposition. À chacun d'utiliser ce qui lui convient. N'est-ce pas l'essence même d'un loisir que de le pratiquer, de le découvrir et d'en jouir à sa façon et à son rythme?

Observer les oiseaux au Québec, c'ęst aussi une manière tout à fait passionnante de découvrir le Québec même, par le biais d'une faune ailée incroyablement abondante et diversifiée, ainsi que par les nombreux sites d'observation dont ce livre fait état.

2.
QUELQUES NOTIONS
À RETENIR

CLASSIFICATION

Avec les poissons (20 000 espèces), les amphibiens (3 000 espèces), les reptiles (6 000 espèces) et les mammifères (4 000 espèces), les quelque 9 000 espèces d'oiseaux forment le sous-embranchement des Vertébrés qui constitue une des grandes divisions du règne animal.

Les oiseaux sont les seuls êtres vivants qui possèdent des plumes; c'est là leur caractéristique fondamentale. Tous les oiseaux étaient originellement adaptés au vol. Mais certaines espèces ont perdu cette aptitude au cours de leur évolution, en particulier les manchots, les kiwis, l'autruche et quelques autres.

L'*espèce* est l'unité de base de la classification des êtres vivants. C'est ce que les gens appellent couramment une «sorte» (de plante ou d'animal). Une espèce groupe des populations naturelles qui peuvent se reproduire entre elles mais qui sont reproductivement isolées des autres groupes.

Une espèce habitant un territoire très vaste est souvent composée de plusieurs populations locales limitées géographiquement. Quand les individus d'une telle population possèdent en commun certains caractères qui les distinguent des individus des autres populations, ils forment une race, ou sous-espèce. On dit alors que l'espèce est polytypique; c'est le cas par exemple du Bruant chanteur dont on compte une trentaine de sous-espèces en Amérique du Nord. Par contre, une espèce monotypique est formée d'individus où il est impossible de distinguer des populations locales; le Colibri à gorge rubis et le Goglu sont des espèces monotypiques.

À un échelon supérieur de la classification le *genre* groupe une ou plusieurs espèces qui ont des caractères en commun, par exemple, l'Épervier brun et l'Épervier de Cooper.

Les genres groupant des oiseaux apparentés entre eux sont réunis au sein d'une même *famille* dont le nom est caractérisé par la terminaison *-idæ* (souvent francisée en -idés). Ainsi les Accipitridés groupent différents rapaces diurnes comme les Milans, les Buses, les Aigles et les Éperviers.

Toutes les familles apparentées entre elles font partie d'un même *ordre* dont le nom se termine toujours par -iformes. Ainsi l'ordre des Falconiformes groupe tous les rapaces diurnes: Cathartidés (Condors et Urubus), Accipitridés (Buses, Aigles, etc.) et Falconidés (Caracaras et Faucons). La *classe* des Oiseaux comprend 27 ordres différents dont le plus important est celui des Passériformes qui groupe tous les passereaux terrestres (près de 60% de toutes les espèces d'oiseaux).

NOMENCLATURE

Les noms scientifiques

Les hommes de science donnent à chaque espèce d'oiseau un nom scientifique qui est formé de deux mots latins. Le premier est le nom du genre auquel l'espèce appartient et le deuxième est le nom spécifique (de l'espèce). Quand on veut préciser l'identité d'une espèce polytypique, on ajoute un troisième nom latin qui est celui de la sous-espèce. Ainsi *Turdus migratorius* est le nom scientifique du Merle d'Amérique, espèce qui niche du sud du Mexique au nord du Canada; *Turdus migratorius nigrideus* désigne la sous-espèce nichant à Terre-Neuve, au Labrador et dans le Québec septentrional, et *Turdus migratorius migratorius* est le nom de la sous-espèce (dite nominale car elle tire son nom de celui de l'espèce) nichant presque partout ailleurs au Canada.

Cette nomenclature «binominale» latine est en usage depuis que le naturaliste suédois Carn von Linné (ou Linnaeus) en a démontré l'efficacité dans ses œuvres publiées au milieu du 18e siècle. L'un de ses grands avantages est qu'elle est acceptée et comprise de tous les savants du monde, qu'ils soient Français, Japonais ou Islandais. Ce système est également très souple. En effet, les noms scientifiques peuvent être modifiés selon des règles bien établies, mais parfois très complexes; quand des savants jugent, par exemple, qu'une espèce n'appartient pas à tel genre mais à un autre, son nom est modifié en conséquence, sans entraîner de difficultés d'interprétation.

Dans les ouvrages spécialisés le nom scientifique d'une espèce est suivi du nom du savant qui l'a décrite pour la première fois. Considérez les deux noms suivants: *Sitta canadensis* Linnaeus; *Turdus migratorius* (Linnaeus). Quand le nom de l'auteur est placé entre parenthèses, cela signifie que l'espèce est maintenant placée dans un genre autre que celui où elle fut placée à l'origine par cet auteur. On notera que le nom scientifique est toujours écrit en italiques dans les textes imprimés (et souligné dans les textes dactylographiés). L'initiale du nom générique est toujours majuscule. Le nom de l'auteur suit celui de l'espèce sans ponctuation et n'est jamais en italique.

L'ordre taxinomique

La préoccupation première de la taxinomie consiste à nommer et à classer les oiseaux. Les ouvrages sur les oiseaux, et plus spécialement les listes, présentent les espèces dans un ordre particulier que l'on appelle l'ordre taxinomique. Il rapproche le plus possible les espèces selon leurs affinités et les présente en allant des plus primitives aux plus évoluées. Pour les oiseaux nord-américains les auteurs d'ici respectent généralement l'ordre taxinomique préconisé par l'*American Ornithologists' Union.* Il est bon de se familiariser avec cet ordre car c'est celui que l'on retrouvera dans tous les volumes courants.

Les noms français

La plupart des noms d'oiseaux sont issus de la langue vernaculaire, c'est-à-dire celle qui est parlée, par opposition à celle qui est écrite. En contact quotidien avec des oiseaux différents, les hommes les ont nommés; si l'origine de noms comme grimpereau ou gros-bec est évidente, des noms comme grèbe, geai ou sarcelle ont une origine si lointaine que leur signification première s'est perdue. Plus près de nous, nos ancêtres nous ont légué une liste impressionnante de noms vernaculaires (dont certains ont été empruntés aux langues amérindiennes): bois-pourri, moyac, goglu, mange-poules, bénari, branchu, tape-cul, corbigeau, etc.

Du temps où les traités d'ornithologie n'intéressaient que les cercles scientifiques, seuls les noms latins des oiseaux étaient utilisés. Mais depuis que l'étude des oiseaux a donné lieu à une abondante production livresque destinée à des publics variés, les auteurs ont été appelés à désigner les oiseaux par des noms français. Évidemment ils ont employé plusieurs noms vernaculaires bien connus. C'est ainsi que Goglu est devenu dans les livres ce que l'on peut appeler le nom «officiel» de l'espèce *Dolichonyx oryzivorus*.

Mais quand vint le moment pour ces auteurs de donner un nom savant aux diverses espèces de grives, il leur fallait apporter une distinction que la langue vernaculaire ne donnait pas: Grive solitaire, Grive fauve, Grive à dos olive, etc. On comprend facilement alors que des auteurs différents ont pu donner plusieurs noms à la même espèce: Merle erratique, Merle migrateur, Merle d'Amérique sont tous des noms désignant l'espèce que des gens appellent «rouge-gorge» ou «grive». Plusieurs espèces n'ont jamais reçu un nom vernaculaire parce qu'elles échappent à l'observation de l'homme ordinaire; les auteurs ont donc dû leur donner un nom savant en francisant littéralement le nom scientifique, en traduisant le nom anglais ou en créant eux-mêmes un nom approprié.

On imagine aisément ce que la prolifération des volumes sur les oiseaux a engendré: une multiplicité de noms français pour désigner la même espèce.

Naturellement, on éprouva un jour le besoin d'une liste unifiée de noms français puisqu'il y a des avantages évidents à ce que les auteurs utilisent un seul nom pour désigner une espèce d'oiseau. Une première initiative en ce sens s'est concrétisée en 1935 quand une commission internationale, formée de délégués de la France, de la Belgique, de la Suisse et du Canada français, a publié une liste unifiée des noms français des oiseaux nichant en Europe. Parmi toutes ces espèces, il s'en trouve plus d'une centaine qui nichent également en Amérique du Nord (surtout au Canada); ce sont les espèces dites holarctiques.

Au Canada, les auteurs successifs ont tour à tour fait évoluer l'usage vers une nomenclature plus raffinée. Ce fut d'abord LEMOINE (*Tableau synoptique de* l'ornithologie du Canada, 1864), puis PROVANCHER (*Faune canadienne, les oiseaux,* 1870-74), DIONNE (*Les oiseaux du Canada,* 1883; *Catalogue des oiseaux de la province de Québec,* 1889; *Les oiseaux de la province de Québec,* 1906), MACOUN (*Catalogue des oiseaux du Canada,* 1916), TAVERNER (*Birds of Canada,* 1934), le SERVICE CANADIEN DE LA FAUNE (*Liste des noms français des oiseaux du Canada,* 1957), GODFREY (*Les oiseaux du Canada,* 1967), ROBBINS et al. (*Guide des oiseaux d'Amérique du Nord,* 1980) et OUELLET & GOSSELIN (*Les noms français des oiseaux d'Amérique du Nord,* 1983, Syllogeus 43, Musée national des sciences naturelles). C'est cette dernière référence que nous avons suivi pour les besoins du présent ouvrage.

La nomenclature française de nos oiseaux est donc un amalgame d'une part, de noms vernaculaires qui sont passés d'un usage local à un usage général (ex.: pipit, goglu), et d'autre part, de noms techniques (ex.: viréo, sturnelle). Beaucoup de noms français sont bien connus du public sans pour autant être associés à une image juste et précise (ex.: rossignol, pinson, pingouin).

Bien qu'il puisse être acceptable que certains oiseaux soient désignés par des synonymes bien connus (ex.: huart ou plongeon, bec-scie ou harle), il est important de ne pas utiliser des homonymes pour des oiseaux qui ne sont aucunement apparentés (ex.: outarde pour bernache, mainate pour quiscale).

LES OISEAUX ET LA LOI

Contrairement par exemple à l'entomologiste amateur qui peut posséder une collection d'insectes, l'ornithologue est limité dans ses activités par les restrictions imposées par les lois du Canada et du Québec.

Afin d'être en mesure de se conformer aux termes de la Convention pour la protection des oiseaux migrateurs

Normand David

Le *Pygargue à tête blanche* met quatre ans à acquérir son plumage définitif.

Alain Pelletier

Le *Balbuzard* saisit les poissons dont il se nourrit en se laissant habilement tomber dans l'eau.

qu'il avait signée avec les États-Unis en 1916, le gouvernement du Canada a adopté en 1917 la Loi sur la convention concernant les oiseaux migrateurs. En reprenant les termes mêmes de l'article 6 de la loi, l'article 6 du règlement qui en définit l'application est tout à fait explicite :

«Il est interdit d'avoir en sa possession un oiseau migrateur vivant, ou la carcasse, la peau, le nid ou les œufs d'un oiseau migrateur».

Tels que définis dans la loi les termes «oiseaux migrateurs» désignent tous les oiseaux sauf les cormorans, les oiseaux de proie diurnes et nocturnes, les gallinacés, le martin-pêcheur, les geais, le corbeau, la corneille, l'étourneau, le moineau, le carouge, les quiscales et le vacher.

Depuis 1969, toutefois, la Loi de la conservation de la faune du gouvernement du Québec complète partiellement la loi canadienne. Un des règlements qui en définit l'application interdit la chasse des oiseaux nommés ci-haut ; ce même règlement légalise toutefois la chasse (avec permis et à longueur d'année) de sept espèces : Corneille d'Amérique, Étourneau sansonnet, Moineau domestique, Carouge à épaulettes, Quiscale rouilleux, Quiscale bronzé, Vacher à tête brune. Ajoutons enfin que l'article 30 de la loi provinciale stipule qu'il «est interdit de déranger ou détruire le nid ou les œufs d'un oiseau sauvage».

De nombreux règlements édictés en vertu de ces lois précisent les modalités de la chasse de certaines espèces (oies, bernaches, canards, limicoles, lagopèdes, perdrix, tétras, etc.) pendant des périodes prescrites. Les activités des taxidermistes sont également régies par ces règlements : ils ne peuvent empailler que les oiseaux abattus légalement.

À toute fin pratique ceci veut dire que l'observation est la seule activité à laquelle l'ornithologue amateur peut recourir pour étudier les oiseaux.

LES OISEAUX BAGUÉS

Plusieurs oiseaux sauvages portent à la patte une bague de métal numérotée qui a été posée par des chercheurs afin de pouvoir suivre leurs mouvements, leur longévité, etc. Lorsqu'on trouve une telle bague sur un oiseau mort, il est important d'adresser la bague et les détails de sa cueillette (date et localité) au Service canadien de la faune (351 St-Joseph, Hull, Québec K1A 0E7). On ne doit pas retirer la bague d'un oiseau vivant mais seulement en noter le numéro et le communiquer également au Service de la faune. Dans tous les cas (sauf ceux des pigeons domestiques qui ne sont pas bagués par des chercheurs mais par leur propriétaire) on recevra par le retour du courrier les détails relatifs à l'origine de l'oiseau en question.

3.
LES OISEAUX
AUTOUR DE CHEZ SOI

Un intérêt plus poussé pour l'étude des oiseaux naît souvent de l'agrément que procure la présence des oiseaux qu'on a réussi à attirer près de son domicile. Les moyens pour y parvenir sont les mêmes partout, mais les résultats varient beaucoup selon l'environnement du lieu habité. À moins de vivre dans un centre-ville bétonné de toutes parts, on peut espérer attirer une variété intéressante d'oiseaux qui augmentera à mesure qu'on passe de la banlieue-dortoir au village de campagne ou au chalet retiré.

NICHOIRS

Qui ne connaît pas la pratique qui consiste à installer autour de chez soi des nichoirs pour les oiseaux ? Il s'agit là d'un bon moyen pour se familiariser avec l'histoire naturelle de leurs occupants ; on pourra remarquer avec quelle régularité ils reviennent à leur domicile année après année et quelles sont leurs activités tout au long du cycle de reproduction.

TYPES DE NICHOIRS

Troglodyte familier

Hirondelle noire

Hirondelle bicolore

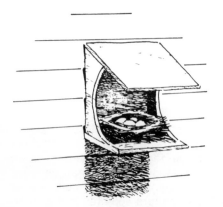

Merle d'Amérique

Merle-bleu

Les Moineaux domestiques ou les Étourneaux sansonnets s'empresseront de s'accaparer les nichoirs, mais il est possible, en prenant certaines précautions, de favoriser des espèces insectivores moins envahissantes. Ainsi un trou d'entrée aux dimensions prescrites pour plusieurs espèces empêche l'étourneau d'avoir accès au nichoir.

Plusieurs aspects sont à considérer lors de l'installation de nichoirs; ils doivent être hors de portée des prédateurs et conçus selon les normes requises pour les espèces auxquelles ils sont destinés; une hauteur de 2 à 3 mètres convient à la plupart des espèces.

Il existe au Québec une vingtaine d'espèces susceptibles d'habiter des nichoirs. La présence ou l'absence de l'une ou l'autre de ces espèces est surtout fonction de la situation géographique, ainsi que de la végétation environnante. Les espèces les plus usuelles, en plus des moineaux et étourneaux, sont les Hirondelles bicolores et noires, le Troglodyte familier, les sittelles, les pics et les mésanges. On peut même, en prenant soin de choisir un environnement favorable, attirer le merle-bleu ou le Canard branchu.
«branchu»).

* Le lecteur intéressé aura grand intérêt à consulter *Nichoirs d'oiseaux* par R. CAYOUETTE et J.L. GRONDIN (Société zoologique de Québec, 1978); ce livre fournit tous les renseignements utiles sur le sujet.

BAINS D'OISEAUX

Il est bon de rappeler ce moyen facile d'attirer, pour une brève visite, les oiseaux du voisinage. Le bain (abreuvoir) est souvent utilisé comme élément décoratif, mais tout contenant où les oiseaux peuvent prendre pied fera aussi bien l'affaire.

André Cyr

Chez les rapaces, le plumage des poussins est un duvet blanc. Ici, une nichée de _Petites Buses_.

POSTES D'ALIMENTATION

Une autre façon d'étudier de plus près une facette de la vie des visiteurs ailés consiste à leur fournir une source de nourriture qui leur permettra de traverser la saison froide sans trop de difficultés.

Une source de nourriture *régulière et variée,* disposée dès septembre, peut inciter plusieurs oiseaux à passer l'hiver autour du poste d'alimentation qu'on leur aura ainsi fourni. Il ne faut pas s'attendre à retenir chez soi les vrais migrateurs, mais plutôt des oiseaux susceptibles d'hiverner dans la région, et qui se cherchent dès l'automne un territoire d'hivernage.

L'entretien d'un poste d'alimentation demande plus que celui d'un nichoir, mais quand on connaît la longueur et la désolation de l'hiver québécois, on trouve toujours un intérêt dans la foule multicolore et animée que constitue la clientèle d'une mangeoire. Tous les trucs et expériences connexes à l'art d'alimenter les oiseaux pourraient faire l'objet d'un ouvrage en soi; nous nous limiterons ici aux notions les plus élémentaires.

Il convient d'énumérer, pour mémoire, les oiseaux les plus souvent notés aux mangeoires: ce sont, en plus du moineau et de l'étourneau, le Gros-bec errant, le Geai bleu, les mésanges, les sittelles, les pics, les sizerins, les roselins, divers bruants et, si l'on est chanceux, le Cardinal rouge. Le taux de fréquentation d'une mangeoire peut fluctuer considérablement d'un hiver à l'autre. Certaines années, les oiseaux peuvent être très nombreux: plusieurs espèces font des incursions selon un cycle propre à chacune et dont il est impossible de connaître à l'avance l'amplitude.

Types de mangeoires

Les mangeoires sont de fabrication encore plus simple que les nichoirs, puisqu'il n'est pas nécessaire de respecter des dimensions précises. Nous avons illustré sur cette page les types les plus courants de postes d'alimentation. La source de nourriture doit naturellement être constante et à l'abri des chutes de neige. Divers types de mangeoires, tout comme une nourriture variée, contribuent à satisfaire la plus grande variété possible d'espèces hivernantes ; de plus, comme certains oiseaux sont particulièrement agressifs, la présence de plusieurs mangeoires voisines évitera qu'un seul poste d'alimentation ne soit accaparé uniquement par quelques-uns.

Types de nourriture

Il s'agit du problème le plus crucial que rencontre le propriétaire d'une mangeoire : des oiseaux différents utilisent souvent des aliments différents et l'achat de nourriture en grande quantité peut devenir onéreux.

Pour les espèces insectivores (pics, mésanges, sittelles) le suif (gras de bœuf, disponible chez le boucher) suffit amplement, suspendu dans un filet à oignon ou cloué à un arbre. Les espèces granivores sont plus spécialisées ; les graines de tournesol plairont à plusieurs, mais surtout au pittoresque Gros-bec errant. Les fruits, les restes de pain, les graines de mil ou le maïs concassé sont également populaires auprès de diverses espèces ; il est bon de placer séparément les aliments qui s'adressent à des espèces différentes. Les mélanges ne sont pas avantageux puisque certains oiseaux les accapareront pour n'en prélever que leur nourriture favorite.

Précautions générales

Il faut savoir qu'un couvert végétal adjacent aux mangeoires est un élément précieux sinon essentiel à la présence des oiseaux hivernants. Ce couvert végétal, préférablement coniférien, protège du vent en plus de servir de refuge contre les prédateurs et parfois même

Pierre Bannon

Le *Bec-croisé à ailes blanches* se nourrit souvent du sel étendu sur les routes.

Pierre Bannon

Le *Dur-bec des pins* se laisse souvent approcher de près quand il se nourrit.

TYPES DE MANGEOIRES

Filet à suif

Mangeoire commerciale

Mangeoire abri

Plateau

de dortoir. On n'a jamais vu de mangeoires en terrain découvert, exposées aux rafales glaciales, avoir beaucoup de succès.

* Le lecteur intéressé trouvera toutes les réponses à ses questions sur l'alimentation des oiseaux sauvages en consultant *Comment nourrir les oiseaux autour de chez soi* (N. DAVID et G. DUQUETTE, Québec Science Éditeur, 1982).

SOINS D'URGENCE

Quiconque s'intéressera le moindrement aux oiseaux sera un jour ou l'autre placé dans une situation où il pourra apporter des soins d'urgence à un oiseau en détresse. Même si le taux de guérison sera toujours assez bas, voici ce qu'on peut faire dans les cas les plus fréquents.

Oisillon tombé du nid

Replacez l'oiseau dans son nid et quittez les lieux, ses parents prendront soin de lui. Si le nid a été renversé par la pluie ou le vent, on peut le remettre en place; s'il est trop endommagé, on peut le remplacer par un contenant quelconque garni de brindilles. Un oisillon bien emplumé qui sautille est sans doute à quelque distance de son nid, mais ses parents lui apportent normalement de la nourriture à intervalles réguliers.

Oiseau inconscient après avoir frappé une fenêtre

Placez l'oiseau dans une boîte (à l'intérieur de la maison en hiver). S'il n'a pas subi un traumatisme trop grave, il reprendra ses esprits en moins de 30 minutes et vous pourrez alors le relâcher. De tels incidents se produisent parce que les oiseaux croient voler dans le paysage extérieur réfléchi dans la fenêtre. On peut y remédier en collant à la fenêtre des éléments décoratifs qui briseront son apparence transparente ou miroitante.

Jean Falardeau

Dans toutes les régions habitées, la *Mésange à tête noire* est un visiteur enjoué des postes d'alimentation.

Pierre Timmons

Le *Troglodyte familier* accepte de construire son nid dans un nichoir, de préférence dans un environnement buissonneux.

Fractures aux ailes ou aux pattes

Ces blessures sont souvent fatales, surtout les blessures aux ailes qui ne guérissent tout à fait que rarement. L'oiseau sera toujours handicapé dans une certaine mesure et deviendra une proie facile pour les prédateurs. Rares sont les personnes qui ont les connaissances, le temps et l'équipement appropriés pour soigner ces oiseaux, souvent pas même les vétérinaires. En fait, seuls les gros oiseaux souffrant de telles blessures constituent les cas où il vaut vraiment la peine de s'en occuper; on les dirigera vers un jardin zoologique disposant d'un personnel entraîné. Pour les oiseaux de proie, il existe le *Raptor Research Centre* du collège MacDonald (Université McGill), à Sainte-Anne-de-Bellevue.

La grande majorité des oiseaux sont protégés par la loi et les soins d'urgence ne doivent pas être un prétexte pour garder ces oiseaux en captivité.

4.
LES INSTRUMENTS NÉCESSAIRES

LA JUMELLE

La jumelle est l'un des instruments indispensables à l'observation des oiseaux. Essentiellement, c'est un appareil optique qui permet de présenter à l'œil une image rapprochée d'un objet. Ne nous attardons pas au principe du fonctionnement d'une jumelle qui n'est en réalité qu'un jeu de lentilles et de prismes assemblés dans un boitier. Ce qui importe à l'ornithologue ce sont d'abord certaines pièces externes.

Une jumelle au boitier monobloc, c'est-à-dire d'une seule pièce, offre un meilleur rendement; en effet, par temps pluvieux ou humide, de la buée peut se former sur la surface interne des objectifs quand ceux-ci, étant des tubes vissés au boitier, ne sont pas parfaitement étanches. Les objectifs d'une jumelle doivent de plus être teintés pour éviter les pertes de lumière dues à la réflection; les lentilles teintées en bleu sont recommandées, car un enduit jaune ou vert modifie souvent les couleurs des objets observés.

Les oculaires sont les pièces optiques les plus rapprochées de l'œil. Ils sont actionnés simultanément par une molette ou un levier de mise au point afin d'obtenir une image nette selon la distance où se trouve l'objet observé. Dans les jumelles conventionnelles, la molette de mise au point est en position centrale. Chez certains modèles récents, le mécanisme de mise au point est constitué d'un petit levier placé près de l'oculaire droit; ce système n'est pas aussi fiable qu'un mécanisme en position centrale et pourrait être une source d'ennui pour les gauchers (sans parler qu'on en demande un prix plus élevé). Il faut prendre garde évidemment de ne pas se procurer une jumelle dont la mise au point doit être faite en manipulant les deux oculaires indépendamment.

Il faut noter ici que l'oculaire droit de toutes les jumelles à mise au point simultanée est réglable, ceci afin de compenser pour l'acuité inégale de nos yeux. Chaque personne devra donc trouver la position exacte que doit prendre l'oculaire droit pour que sa jumelle lui donne toujours une image parfaitement compensée. Pour ce faire, on bouche d'abord l'objectif droit et, en fixant un objet à distance moyenne, on réalise la mise au point pour l'œil gauche en se servant de la molette centrale; ensuite on bouche l'objectif gauche et, sans toucher à la molette centrale, on fait tourner l'oculaire droit jusqu'à la position qui donnera l'image la plus nette du même objet. Cette position, qu'on peut retrouver en se servant des repères gravés sur l'oculaire, est celle qui donnera toujours une image nette quand on fera la mise au point en actionnant la molette centrale.

Les gens qui portent des verres correcteurs se demandent souvent s'ils peuvent utiliser une jumelle. Rien ne l'empêche. Il faut noter cependant que les verres faits de matière plastique seront facilement rayés par le contact répété de l'oculaire. Il est également

---

Cette *Petite Nyctale* a été découverte sur l'île des Sœurs. Elle est d'un naturel confiant et on l'observe surtout lors de ses migrations.

Pierre Pesant

recommandé aux porteurs de verres de s'assurer que les oculaires de la jumelle qu'ils choisissent ont un rebord rétractable. Quand le rebord des oculaires ne peut être abaissé, le champ de vision qu'offre la jumelle est réduit car l'œil se trouve à une distance plus grande de l'oculaire.

Prix différents

Une jumelle de 100 $ n'a pas une optique dix fois moins bonne qu'une jumelle de 1 000 $. Disons tout de suite que les jumelles de prix aussi élevé (marques Zeiss et Leitz) sont évidemment d'excellente qualité. Si vous avez les moyens de vous les offrir, vous ne faites certainement pas un mauvais achat. Mais on peut acheter pour 250 $ une jumelle dont la qualité optique est quasi identique.

La plupart des gens auront donc à choisir entre des jumelles dont le prix peut varier de 30 $ à 275 $. Toutes offrent une optique dont la qualité va de l'acceptable à l'excellent. *La différence de prix s'explique surtout par la qualité de la fabrication:* solidité et résistance du boitier, fiabilité du mécanisme des pièces mobiles, précision de l'ajustement des pièces optiques. Ainsi les jumelles les moins coûteuses ont un défaut courant que l'ornithologue n'apprécie guère : en hiver le mécanisme de mise au point refuse de fonctionner, car le lubrifiant des pièces mobiles n'est pas d'assez bonne qualité pour assurer leur fonctionnement à basse température.

Il est toutefois bon de savoir qu'on peut déterminer la qualité de l'optique quand vient le moment de choisir entre diverses jumelles. En tenant l'appareil à bout de bras et en regardant à travers l'oculaire, on y verra un cercle clair; chez les jumelles de plus faible qualité on remarquera un carré inscrit à l'intérieur de ce cercle et délimitant une zone grisâtre plus ou moins fermée contre son pourtour. Le phénomène s'atténue ou disparaît avec une augmentation de la qualité optique.

Modèles différents

En plus d'avoir des normes différentes de fabrication, les jumelles viennent en modèles différents, comme l'indique un code inscrit sur chaque appareil, par exemple 7×35. Le premier nombre indique la puissance de rapprochement (7 fois) et le second le diamètre en millimètres de l'objectif. Comme les fenêtres d'une maison, des objectifs dont le diamètre est plus grand captent plus de lumière. C'est en divisant le second nombre (35) par le premier (7) que l'on obtient la grandeur de l'image formée dans l'oculaire (ici : 5 mm).

Par temps ensoleillé, la pupille de l'œil mesure environ deux ou trois millimètres; c'est pourquoi l'image formée dans l'oculaire doit être légèrement plus grande, soit au moins quatre millimètres. Une jumelle 8×30 est donc peu recommandable pour l'observation des oiseaux. Par ailleurs même si la pupille peut se dilater jusqu'à 7 mm dans des conditions de lumière réduite, il n'est pas nécessaire d'utiliser une jumelle qui donne une image de cette grandeur, comme par exemple une 7×50; en effet, de telles conditions ne se présentent que durant quelques courts instants au lever et au coucher du soleil. Et une 7×50 est toujours plus lourde et de plus grandes dimensions qu'une 7×35; avant d'accepter ces inconvénients, il faut rechercher un avantage pratique nettement plus important.

L'ornithologue devra choisir une jumelle dont la puissance n'est pas inférieure à 7 ou supérieure à 10. Une jumelle de trop faible puissance ne permettra pas un rapprochement suffisant; par ailleurs une jumelle trop puissante procure une image qui «bouge», les mains ne pouvant maintenir stable un appareil dont le poids est considérablement accru.

Les modèles 7×35 et 8×40 conviennent générale-ment pour l'observation en terrain semi-ouvert ou boisé où les oiseaux sont à distance moyenne. Ils ne peuvent

André Cyr

Le *Butor d'Amérique* habite marais et champs humides couverts d'herbes longues.

cependant égaler les performances d'une jumelle plus puissante pour l'observation en terrain ouvert où les oiseaux sont plus loin, en particulier les rapaces diurnes et les oiseaux aquatiques. Comme une jumelle 10×50 procure en toute circonstance une image plus rapprochée, ce sera toujours un avantage. Mais cet avantage ne peut être obtenu qu'accompagné de deux inconvénients: un poids plus élevé et des dimensions plus grandes. Seul le premier de ces inconvénients peut être partiellement contourné, en employant une large courroie de tissu qui répartit le poids sur les épaules et autour du cou.

Caractéristiques superflues

On trouve sur le marché différentes jumelles dites «*zoom*» dont la puissance de rapprochement est variable (7-15×35, 8-24×50, etc.). Ce dispositif fonctionne au détriment de la luminosité et de la légèreté de l'appareil. L'ornithologue ne retirera aucune satisfaction véritable d'une telle jumelle, d'autant plus qu'il faut refaire la mise au point à chaque fois qu'on augmente la puissance de rapprochement. Et ce mécanisme peut être une source additionnelle de malfonctionnement chez les jumelles de qualité inférieure.

La largeur du champ de vision est un autre aspect dont il faut tenir compte. Il est indiqué sur la jumelle par une valeur angulaire (8°) ou par la largeur visible à une distance donnée (420 pieds à 1 000 verges). En multipliant la valeur angulaire exprimée en degrés par 52,5 on obtiendra toujours la largeur du champ exprimée en pieds à 1 000 verges (ou vice-versa en divisant). Pour comparer les divers modèles, on se souviendra que 420 pieds à 1 000 verges équivaut à 140 verges à 1 000 verges, et également à 140 mètres à 1 000 mètres.

Certaines techniques de fabrication permettent d'obtenir des jumelles dites «grand angle» ou, plus prosaïquement, «*Wide Angle*». Les éléments qui produisent un champ élargi alourdissent la jumelle et la portion supplémentaire obtenue ne donne pas une image aussi nette que la partie centrale. Ces jumelles sont faites pour l'amateur de football et non pour l'ornithologue qui ne retirera aucun avantage décisif d'un champ élargi. Il fera un meilleur investissement en acceptant de payer plus cher pour une caractéristique plus importante.

Quelle jumelle choisir maintenant?

Si la jumelle idéale existait, il ne nous aurait pas été nécessaire d'expliquer aussi longuement les divers aspects à prendre en considération! Nous aurions pu vous dire dès le début de choisir une 10×50 aussi légère et de mêmes dimensions qu'une 7×35.

Les personnes qui s'intéresseront à l'observation des oiseaux ne deviendront pas toutes des fervents qui ne peuvent être satisfaits que par une jumelle de première qualité. Pour l'achat d'une première jumelle, il est sans doute plus sage d'en choisir une de prix moindre; si une personne se découvre une passion pour l'observation, elle n'hésitera pas à la remplacer plus tard par un instrument qui lui donnera entièrement satisfaction pendant plusieurs années.

Il faudra d'abord que l'acheteur détermine s'il opte pour un modèle léger et peu encombrant (7×35, 8×40) ou plus puissant mais plus lourd (10×50). Ensuite il fixera son choix en fonction des prix qui croissent en proportion avec la qualité de fabrication. Disons tout de suite que sont très peu recommandables les jumelles les moins coûteuses comme celles qu'on achète à la pharmacie du coin ou dans les établissements d'achat au comptoir sur catalogue; des objectifs vissés, des oculaires à rebord non rétractables et un fonctionnement aléatoire en hiver en sont les principales caractéristiques.

Parmi toutes les jumelles disponibles sur le marché québécois, celles des compagnies fusionnées Bushnell et Baush & Lomb offrent une optique légèrement supérieure. La durée de la garantie varie en fonction de la qualité. Ainsi la compagnie Bushnell fabrique divers modèles à objectifs vissés garantis pour un an et qui coûtent entre 70 et 90 $. On pourra faire confiance sans hésitation à toutes les jumelles à boitier monobloc garanties pour au moins cinq ans et dont le prix varie de 125 à 180 $. Et celui qui recherche la grande qualité à un prix non excessif (moins de 250 $) ne sera certainement pas déçu par la jumelle 10×28 de Baush & Lomb. De toutes les jumelles de puissance 10×, c'est celle qui présente les avantages les plus nombreux. Une puissance élevée et une faible distance minimum de mise au point (3m environ) sont réunies dans un instrument aux dimensions réduites (poids: 450 gr; hauteur: 11 cm). Et malgré ses objectifs relativement petits, la haute qualité des pièces optiques rend cette jumelle plus lumineuse que plusieurs modèles comparables (10×25, 10×40).

LA LUNETTE («TÉLESCOPE»)

Les plus fervents désireront sans doute se procurer un autre instrument qui leur permettra d'observer les oiseaux qui se tiennent à plus grande distance: c'est la lunette, qui procure des puissances de rapprochement variant de 15 à 60 fois selon les modèles. Ses pièces optiques sont des lentilles et des prismes; ce n'est donc pas un télescope, dont l'objectif est constitué d'un miroir.

Cet instrument monoculaire, surtout utile pour l'observation des oiseaux aquatiques, peut coûter de 200 $ à 375 $ et ne peut être utilisé efficacement que s'il

Exemple parfait du camouflage, l'*Engoulevent* passe la journée tapi au sol, son plumage le confondant avec la couleur de celui-ci.

Le *Chardonneret jaune*, souvent appelé «canari sauvage», se rencontre dans les terrains découverts; de même qu'en bordure des forêts.

est fixé à un trépied dont le coût varie de 50 $ à 75 $. Certains observateurs fixent leur lunette sur une crosse de fusil, ce qui en fait un instrument plus versatile, plus léger et moins encombrant, mais qui aura toujours besoin d'un point d'appui pour permettre une bonne utilisation.

Deux sortes de lunettes sont disponibles : celle à mécanisme «zoom» et celle à oculaires interchangeables, mais de puissance de rapprochement fixe. Au Québec, semble-t-il, seulement la compagnie Bushnell distribue ces instruments. Le choix devra donc être fait entre les modèles suivants : «*Discoverer*» (15-60×60), «*Spacemaster*» (20-45×60 ou oculaires 15×, 20×, 22× WA, 25×, 40×, 60×), «*Sentry*» (20×50, 32×50, 48×50) et «*Trophy*» (16-36×50 ou oculaires 20×, 32×, 48×).

La largeur du champ de vision d'une lunette diminue quand on augmente la puissance de rapprochement ; à puissance identique, elle est égale (à quelques mètres près), que ce soit un modèle «zoom» ou celui à oculaire fixe. L'image d'une lunette «zoom» est d'une moins grande perfection, mais la différence ne commence à être vraiment perceptible qu'aux forces de rapprochement supérieures à 25×. De toute façon, les puissances de cet ordre ne sont jamais utilisées avec grande efficacité quel que soit le type d'oculaire dont la lunette est muni. Or, la lunette «zoom» coûte nettement plus et plus de la moitié des puissances disponibles resteront inutilisées.

Une lunette avec oculaire(s) fixe(s) peut donc rendre tous les services qu'on attend d'un tel instrument. Les puissances maximales utiles dans ce dernier cas sont 25× (*Spacemaster*) ou 32× (*Sentry* et *Trophy*). Il est à noter que les objectifs de ces deux derniers modèles, mesurant 50 mm, captent un peu moins de lumière. Les lunettes munies des oculaires 15×20× ou 22×WA (Wide angle) sont celles qui conviennent le mieux pour le montage sur crosse de fusil. Nous sommes donc

André Cyr

La lunette montée sur trépied est souvent indispensable pour l'observation des oiseaux aquatiques.

d'avis que le meilleur achat est celui d'une lunette «*Spacemaster*» munie d'un oculaire 25×; l'amateur pourra se procurer s'il le désire un oculaire 40× et l'utiliser au besoin (c'est-à-dire rarement).

LE GUIDE D'IDENTIFICATION

Le guide d'identification est un livre conçu pour être utilisé sur le terrain et qui permet d'identifier les oiseaux rencontrés; l'ornithologue débutant ne peut s'en passer. Nous présentons ici une analyse des trois principaux guides actuellement disponibles. Même si nous indiquons sans équivoque celui qui à notre avis est le mieux réussi, cela n'empêchera pas ceux qui développeront un intérêt prononcé pour l'observation des oiseaux de se procurer ces trois guides (et même d'autres que nous signalons à la fin du chapitre).

Les deux premiers volumes analysés ici sont disponibles sous deux reliures différentes: la reliure classique avec couverture rigide et la reliure dite «livre de poche», moins coûteuse. Si la reliure classique est généralement très solide, on ne peut pas en dire autant de la seconde qui ne résistera pas à un usage prolongé sur le terrain, dans des conditions variables de température et d'humidité.

A field Guide to the Birds.
Par Roger Tory PETERSON.
Houghton Mifflin Company, Boston.
Quatrième édition, 1980.

Si l'on ne doit posséder qu'un seul guide d'identification, c'est celui-ci. Il traite de toutes les espèces de l'Est de l'Amérique du Nord. Afin de faciliter l'identification, l'auteur illustre les oiseaux semblables dans des positions identiques en respectant leurs proportions. Les illustrations sont marquées de flèches indiquant les caractéristiques qui distinguent instantanément chaque espèce, selon une méthode brevetée par l'auteur.

Un des avantages indéniables de ce guide réside dans la description qui met en relief (par l'emploi de caractères italiques) les traits de plumage qui identifient une espèce et la distinguent de celles qui lui ressemblent. Ces textes, en regard des illustrations, témoignent de la grande expérience de l'auteur sur le terrain. La description des chants est également très bien réussie. Des cartes, groupées à la fin, illustrent les régions où chaque espèce se rencontre.

Sa date de parution, 1980, et le fait que ce volume a été remanié à trois reprises depuis bientôt un demi-siècle, font qu'il reflète en bonne partie les toutes dernières connaissances sur nos oiseaux et sur le concept d'un livre-guide. Il s'y trouve néanmoins quelques erreurs mineures qui nous rappellent qu'un guide ne doit jamais être considéré comme *la* source de référence unique.

Une traduction française de cet ouvrage devrait être bientôt disponible.

Birds of North America.
Par C.S. ROBBINS, B. BRUNN, H.S. ZIM et A. SINGER.
Golden Press, New-York, 1966.
Guide des oiseaux d'Amérique du Nord.
Par C.S. ROBBINS, B. BRUNN, H.S. ZIM et A. SINGER.
Adaptation française: Michel DESFAYES.
Éditions Marcel-Broquet, Laprairie, 1980.

La présence d'une carte de distribution en regard du texte explicatif de chaque espèce constitue l'un des principaux attraits de ce guide. De plus, ce volume, tout comme le guide suivant, illustre toutes les espèces d'Amérique du Nord en un seul tome. Ce dernier atout

Michel Trudeau

Le *Bécasseau variable,* un visiteur typique des rivages boueux, se nourrit, entre autres, de divers animalcules aquatiques et d'insectes.

Pierre Timmons

Il est rare qu'on puisse observer le *Cygne siffleur* au Québec et il est beaucoup moins facile d'approche que les cygnes domestiqués.

peut cependant se changer en désavantage car on retrouve ainsi plusieurs espèces non susceptibles de se rencontrer au Québec.

En dépit du talent reconnu de l'artiste, les illustrations n'atteignent pas toujours le but qu'elles doivent avoir dans ce genre d'ouvrage : faciliter la détermination sur le terrain. Étant tellement réalistes («belles»), elles ne mettent pas toujours en évidence les caractéristiques qui permettent de distinguer les espèces similaires.

Quant à la version française maintenant disponible, elle ajoute malheureusement au produit original quelques faiblesses de traduction. La nomenclature française présentée dans la première édition de cette adaptation laisse un peu à désirer. Tout en donnant la priorité à la nomenclature quelque peu déficiente proposée par la Société zooligique de Québec, le traducteur a cru bon informer le lecteur en présentant des noms alternatifs. On voit malheureusement se côtoyer parmi ces noms alternatifs des corrections judicieuses à la terminologie principale, des noms internationaux et des néologismes inutiles.

Au moment d'aller sous presse, nous recevons la deuxième édition anglaise de cet ouvrage ; elle constitue un net recul par rapport à la première édition, et n'est à conseiller en aucune façon.

Field Guide to the Birds of North America.
NATIONAL GEOGRAPHIC SOCIETY,
Washington, D.C., 1983.

Cet ouvrage a une présentation identique à celle du guide de Robbins. En dépit de certaines lacunes et de quelques erreurs, il surpasse son modèle sur tous les plans. La disposition moins serrée du texte et des illustrations et l'impression sur papier glacé permettent une consultation plus agréable. Même si les illustrations sont l'œuvre de treize artistes différents, on a atteint une harmonie satisfaisante, bien soutenue par un rendu nettement plus juste des couleurs. Les cartes de distribution sont plus élégantes grâce à l'utilisation de couleurs moins criardes; elles sont aussi plus précises du fait que les frontières des états et des provinces sont indiquées. Tant dans le texte que dans les illustrations, la discussion des caractères distinctifs est plus complète, particulièrement pour les plumages juvéniles.

The Audubon Society Master Guide to Birding
John FARRAND Jr, Éditeur
Alfred A. Knopf, New-York, 1983.

Cet ouvrage en trois volumes ne correspond pas au concept traditionnel du guide d'identification peu encombrant à utiliser sur le terrain. Le texte a été écrit par 61 auteurs différents, chacun apportant son expérience sur les oiseaux qu'il connaît le mieux. Ceux-ci sont illustrés par 1 245 photos et 193 peintures en couleurs auxquelles s'ajoutent 422 dessins en noir et blanc. Ce n'est donc pas un guide comme les autres: il constitue la référence la plus complète sur l'identification des oiseaux nord-américains. Reflétant les connaissances acquises par la génération actuelle des observateurs américains les plus actifs, il contient une quantité impressionnante d'informations jusque là inédites. L'ouvrage ne s'adresse pas d'abord aux débutants qui auront plus de facilité à s'initier à l'identification avec un guide moins volumineux; mais il est indispensable à celui qui veut approfondir ses connaissances dans le domaine.

Le texte consacré à chaque espèce comporte une introduction décrivant les mœurs et l'habitat de l'oiseau et quatre rubriques dûment identifiées: description, voix, espèces semblables, aire. Les photos de première qualité, groupées par trois sur la page opposée au texte, ont été choisies minutieusement pour illustrer les caractères vraiment distinctifs. Elles sont accompagnées de leur réduction en noir et blanc marquée de petits triangles rouges qui indiquent les traits de terrain définis succinctement sous la réduction.

Autres guides d'identification

Les ornithologues plus avancés ne manqueront pas de tirer profit de certains autres guides d'identification, qu'ils soient de publication moins récente ou qu'ils traitent de régions autres que l'Est de l'Amérique du Nord.

Citons en premier lieu les volumes de R.H. POUGH (1946, 1951), *Audubon Land Bird Guide* et *Audubon Water Bird Guide.* Leur aspect le plus intéressant est une section très utile décrivant les mœurs de chacune des espèces de l'Est de l'Amérique du Nord, et présentant des informations qu'aucun autre guide ne fournit avec autant de détails.

Pour l'Ouest de l'Amérique du Nord, on songe immédiatement au guide de R.T. PETERSON, *A Field Guide to Western Birds* (1969), illustrant aussi les oiseaux des îles Hawaii. On peut également mentionner l'*Audubon Western Bird Guide* de R.H. POUGH (1957) qui cependant ne peut être utilisé que comme compagnon des deux autres ouvrages de cet auteur.

Pour les Antilles, le volume tout désigné est celui de J. BOND, *Birds of the West Indies,* dont la dernière édition date de 1974.

Un guide des oiseaux d'Europe apportera les renseignements utiles sur les oiseaux de ce continent susceptibles de s'égarer ici. Parmi ceux qui sont disponibles en langue française, le mieux réussi est celui de R.T. PETERSON, G. MOUNTFORT et P. HOLLOM, *Guide des oiseaux d'Europe* (Adaptation française: P. Géroudet), et dont les rééditions ne se comptent plus.

Le *Jaseur des cèdres* est un passereau surtout frugivore.

André Cyr

56

LE CARNET DE NOTES

Il nous est apparu important de mentionner le carnet de notes sous la rubrique «instruments nécessaires». Peu importe la façon dont on peut garder des notes, on se rend vite compte de leur valeur. Il est important de noter les choses ou les événements qui nous intéressent à mesure qu'ils se produisent, et de laisser le moins de place possible à l'imagination. Quel que soit le sujet qui nous préoccupe, on a vite fait de constater, après quelques mois de diligente tenue de notes, que la mémoire est effectivement une faculté qui oublie.

5.
COMMENT RECONNAÎTRE
LES OISEAUX

Qu'elle se limite à la simple observation des oiseaux rencontrés, à la détermination de leur abondance et de leur distribution dans une région, à la participation à des activités de recherche ou à l'entretien d'un poste d'alimentation, l'étude des oiseaux passe nécessairement par une première étape, celle de l'identification des espèces observées. Cette activité, qui peut constituer un défi en soi, est le résultat de processus qui ne peuvent être maîtrisés qu'à la suite d'une certaine expérience.

L'IDENTIFICATION VISUELLE

Plus d'un débutant est stupéfait de la rapidité avec laquelle un ornithologue chevronné identifie un oiseau. Il n'y a là ni recette magique ni habileté particulière. L'explication tient à ce que l'ornithologue d'expérience n'identifie pas les oiseaux selon le même processus que le débutant. Lors de ses premières rencontres avec les oiseaux, ce dernier est porté naturellement à les examiner pour tenter de noter les différentes couleurs de son plumage; il s'aperçoit souvent que l'oiseau ne reste pas suffisamment longtemps sous observation pour lui permettre d'en tracer le portrait complet, ce qui l'empêche d'en trouver l'identité. Par contre, quand un ornithologue chevronné aperçoit un oiseau qui s'envole du sol d'une forêt sombre pour se poser sur une branche, déjà sa taille, sa silhouette et son comportement lui permettent de conclure qu'il s'agit d'une grive; et avant même d'avoir braqué sa jumelle sur l'oiseau qui vient de se poser, il sait déjà quelle caractéristique du plumage il lui faut observer pour déterminer l'espèce à laquelle il appartient. Cette dernière étape du processus peut prendre moins d'une seconde.

Chacun d'entre nous peut reconnaître une personne qui lui est très familière à grande distance dans une foule. Même si on ne voit pas la forme de ses traits ni la couleur de ses yeux et de ses cheveux, on l'identifie avec certitude par un détail subtil de sa démarche ou par sa silhouette. Il en va de même pour les oiseaux.

Le débutant devra donc se familiariser le plus rapidement possible avec les caractéristiques de taille, de silhouette et de comportement des oiseaux, à mesure qu'il apprend — non sans difficulté — à les reconnaître par leur coloris.

La taille

Une juste appréciation de la taille d'un oiseau aide à cerner son identité. Mais pour ce faire il ne faut pas tenter de l'évaluer en centimètres. Il est beaucoup plus facile de comparer la taille d'un oiseau à celle des espèces que l'on rencontre tous les jours: mésange, moineau, étourneau, merle, pigeon, corneille. Savoir qu'un oiseau est un peu plus petit qu'un merle est beaucoup plus révélateur qu'une évaluation en centimètres. Les observations répétées d'une même espèce permettront de mesurer visuellement sa taille, et cela à des distances variables. Il faut cependant se méfier de notre perception des tailles lorsque l'on manque

Gaétan Duquette

La *Chouette rayée* fréquente souvent les forêts décidues. Ses yeux noirs la caractérisent car chez les autres Hiboux, ils sont jaunes ou oranges.

de points de comparaison (oiseau en vol ou sur l'eau), et l'utilisation de lunettes d'approche peut fausser encore plus cette perception.

Les oiseaux d'une même espèce ne sont pas tous exactement de la même taille, les mâles étant souvent plus gros que les femelles (sauf chez les oiseaux de proie et la plupart des oiseaux de rivage). Mais, en valeur absolue, ces différences sont minimes, quelques millimètres seulement chez les espèces de moyenne et petite tailles. Ainsi les individus d'une espèce paraissent être de la même grosseur quand ils sont vus en groupe. Quand dans ce groupe un oiseau paraît nettement plus petit ou plus gros, il y a de très fortes chances qu'il appartienne à une espèce différente; l'observation de caractères additionnels viendra le confirmer. Par ailleurs, la taille est un des caractères qui peut permettre de différencier certaines espèces dont le plumage est presque identique.

La silhouette

Résultant à la fois de la forme des différentes parties de son corps et de sa posture typique, la silhouette d'un oiseau est la caractéristique la plus importante pour orienter le débutant dans ses identifications. Perché ou en vol, un oiseau a une silhouette qui permet de dire à quel groupe il appartient; la mésange, le troglodyte et le roitelet sont à peu près de la même taille, mais on peut les reconnaître instantanément à leur profil. Bien plus, un grand nombre d'espèces se reconnaissent à leur seule silhouette.

Autant par des observations sur le terrain que par l'examen d'illustrations, on peut apprendre rapidement à identifier correctement une silhouette. La forme du bec, des ailes et de la queue, de même que leurs proportions relatives, sont plus importantes encore que celles du corps. Le bec est-il fin, allongé, aplati, court, épais, droit ou courbé? Lorsque l'oiseau s'envole, les ailes sont-elles droites, arquées, rondes, pointues, larges ou étroites? La queue est-elle droite, arrondie, fourchue, courte ou longue? Il est évident que si l'on ne fait aucun effort pour se familiariser avec les silhouettes des oiseaux, on mettra beaucoup plus de temps à en arriver à une détermination exacte; à chaque fois qu'on sera en présence d'un oiseau déjà vu, on devra l'examiner à nouveau dans des conditions idéales d'observation pour être certain de son identité.

Le comportement

Tout comme une silhouette, un trait de comportement permet de dire à quel groupe ou à quelle espèce un oiseau appartient. Les canards barbotteurs s'envolent verticalement de la surface de l'eau; la Poule-d'eau se déplace sur l'eau en effectuant des mouvements de tête rythmés; le Geai bleu fait des battements d'ailes réguliers tandis que le Geai du Canada plaque ses ailes contre le corps et les ouvre brusquement pour planer quelques instants avant chaque série de battements d'ailes. Autant par des observations sur le terrain que par des lectures de textes consacrés à l'histoire naturelle des oiseaux, on peut apprendre à connaître les comportements typiques de chaque espèce.

La coloration

Certains oiseaux se reconnaissent instantanément à leur plumage. Le Carouge à épaulettes mâle est le seul oiseau noir ayant des épaulettes rouges. Le Tangara écarlate mâle est le seul oiseau rouge ayant une queue et des ailes noires. En plumage nuptial, les oiseaux mâles présentent généralement des caractéristiques de plumage qui rendent leur détermination relativement facile. Mais dès qu'on sera en présence d'oiseaux en mue, de femelles, de jeunes, ou d'oiseaux en plumage d'hiver, on verra les difficultés se multiplier. Et certaines espèces, en particulier les oiseaux de rivage et les

Gaétan Duquette

La *Bécassine des marais* peut être facilement identifiée par sa silhouette caractéristique.

Normand David

Chez les goélands, la taille contribue souvent à cerner leur identité; de gauche à droite: *Goéland argenté, G. à manteau noir, G. brun, G. argenté, G. à bec cerclé.*

fauvettes en plumage d'hiver, présenteront toujours des problèmes, surtout si on n'a pas l'occasion de les voir souvent. Dans la deuxième édition de son guide d'identification, Roger Tory Peterson dit que si vous pouvez prétendre, après dix ans d'expérience, connaître les fauvettes en plumage d'hiver, c'est que vous devenez un ornithologue chevronné.

Une recette magique?

Ce n'est donc pas sans difficultés que le débutant réalisera ses premières identifications. Pour réussir il ne devra compter que sur lui-même. Il est vrai que la présence d'un ornithologue d'expérience à ses côtés peut lui être d'un grand secours; mais ce dernier ne doit pas faire les déterminations à sa place. Dans ce domaine, faire des erreurs et s'en rendre compte est très instructif!

Mis en présence d'un Viréo à tête bleue ou d'un Roitelet à couronne rubis femelle, la plupart des néophytes auront de longues hésitations, tentés qu'ils seront de croire qu'ils ont affaire à un moucherolle du genre *Empidonax*. Tous ces oiseaux sont verdâtres, ont un cercle pâle autour des yeux et deux bandes alaires. On voit immédiatement l'importance de savoir distinguer un moucherolle d'un viréo ou d'un roitelet. Cette démarche est fort difficile lorsqu'on n'est pas encore familier avec les silhouettes et les comportements caractéristiques de ces oiseaux. Et si l'examen est peu poussé, se limitant au cercle orbital et aux bandes alaires, on n'est guère plus avancé. Pour tracer un portrait exact d'un oiseau, on devra donc en faire une inspection minutieuse. S'il y a une recette magique, elle est là: s'attarder volontairement à examiner une à une les parties visibles de l'oiseau.

— Le bec: quelle est sa forme? Quelles sont ses couleurs?

— La tête : est-elle de couleur uniforme ? Le front est-il d'une couleur distincte ?

— Le sommet de la tête présente-t-il des raies, ou une calotte de couleur contrastante ?

— Les côtés de la face sont-ils rayés ? Ces rayures passent-elles au-dessus, en travers ou au-dessous de l'œil ?

— La nuque est-elle rayée ou de couleur uniforme ?

— Le dos : est-il rayé, barré, maculé ou de couleur uniforme ?

— Le croupion : est-il d'une couleur contrastante avec celle du dos ou de la queue ?

— La queue : quelle est sa forme, sa couleur ? Présente-t-elle des marques contrastantes en bordure latérale ou en bordure terminale ?

— La gorge, la poitrine, le ventre et les flancs : sont-ils de couleur uniforme ? Sont-ils rayés ou tachetés ? Les rayures sont-elles fines ou larges ?

— Les ailes : présentent-elles des marques évidentes ?

— Les pattes : quelle est leur couleur ?

À toutes ces questions, il faut des réponses précises. On ne peut se contenter de dire que telle partie est foncée : il faut tenter de savoir si c'est gris foncé ou brun foncé. Ces détails peuvent avoir de l'importance.

Ce que nous venons de décrire, c'est la démarche qu'il faut suivre pour tracer consciemment le portrait d'un oiseau. En notant le plus grand nombre possible de détails, on aura de meilleures chances d'en arriver à une conclusion valable. Revenons à l'exemple donné plus haut. Si une observation attentive révèle, en plus du cercle orbital et des bandes alaires, des flancs jaunâtres, la tête bleu-gris contrastant avec le dos

Michel Trudeau

Chez le *Phalarope de Wilson,* la femelle est plus colorée que le mâle, ce qui est rare chez les oiseaux.

verdâtre, la raie joignant le front à l'œil, de telles caractéristiques éliminent le roitelet et les moucherolles et permettent de croire qu'il s'agit d'un Viréo à tête bleue. Le débutant aura intérêt à compléter l'examen d'un oiseau le plus rapidement possible. Peu d'oiseaux demeurent longtemps immobiles; à tout moment ils peuvent s'envoler ou disparaître dans le feuillage.

L'aspect le plus important de la démarche décrite ici est que l'on doit apprendre à observer et non à identifier. Ce qui est important, c'est d'acquérir la maîtrise qui permet de dire : «Je suis certain que l'oiseau avait le dos brun et les flancs roux». La certitude doit porter sur les détails que l'on a observés et non sur l'identification, que l'on pourra faire plus tard.

UTILISATION D'UN GUIDE D'IDENTIFICATION

Après avoir observé un oiseau, le novice consultera un guide d'identification pour s'assurer de son identité. En examinant les illustrations, il pourra repérer celle qui représente l'oiseau observé; la lecture du texte consacré à cette espèce devrait lui apporter des éléments susceptibles de confirmer son verdict.

En multipliant les observations, on apprendra vite que beaucoup d'oiseaux sont difficiles à reconnaître sur le terrain alors que dans le guide ils sont tous aussi faciles les uns que les autres. Le Bruant des prés et le Bruant chanteur ne présentent aucun problème lorsqu'ils sont illustrés l'un à côté de l'autre, l'un avec son sourcil jaune, l'autre avec son point sombre sur la poitrine. Parce que ces deux oiseaux sont très communs, chacun apprendra à force d'expérience à ne pas se fier aveuglément à des caractères aussi inconsistants, et à utiliser, plutôt que son guide, mille et un petits détails appris plus ou moins inconsciemment par l'observation de centaines d'individus.

Très vite, on aura noté que ce sont tous ces petits détails qui permettent de différencier rapidement le Bruant des prés du Bruant chanteur; la teinte plutôt beige et la taille légèrement inférieure du premier, les bruns plus prononcés et la queue relativement plus longue du second, une silhouette nettement différente, des façons différentes de se percher et de se déplacer dans la végétation, etc.

Et si l'on prend la peine de s'informer sur la distribution des oiseaux sur le territoire québécois, on aura en mains des informations qui pourront conférer plus de sûreté aux identifications. Ces informations inciteront en effet à la vérification des observations qui seraient de nature à modifier nos connaissances. Le fait de savoir que la Grive fauve n'a jamais été vue en hiver au Québec constitue un appel à la prudence; l'observateur qui connaît le caractère inusité d'une telle observation sera naturellement porté à vérifier soigneusement que l'oiseau ainsi identifié à cette époque présente bien les caractères de l'espèce.

Tout observateur qui consacre plusieurs journées par mois à l'observation des oiseaux rencontrera infailliblement un jour ou l'autre une espèce jamais vue auparavant dans sa région. Un oiseau rare n'est pas nécessairement difficile à identifier: qui ne peut reconnaître un oiseau aussi distinctif qu'un Ibis blanc? Mais les espèces difficiles à identifier sont souvent celles que l'on a pas l'occasion de voir assez souvent pour nous permettre de bien connaître les petits détails qui les distinguent des autres espèces ayant un plumage semblable. Tout oiseau vu rarement mérite donc qu'on vérifie avec attention son identité.

Les situations que nous venons de décrire nous amènent à dire que les guides d'identification sont les béquilles nécessaires de l'ornithologue débutant, mais qu'ils ne doivent pas devenir sa chaise roulante pour toujours.

Autant les guides sont nécessaires au début, autant ils peuvent devenir une nuisance après quelque temps. Dès qu'un observateur connaît bien les oiseaux de sa région, les guides doivent rester à la maison. Seul le carnet de notes aura sa place sur le terrain.

Lorsqu'un oiseau inhabituel se présente, les variations individuelles et celles amenées par l'âge, la saison ou la sous-espèce font que cet oiseau ne sera sans doute pas le sosie de l'illustration du guide; peut-être même s'agira-t-il d'une espèce qui n'est pas illustrée dans le guide que l'on possède. Seule une description détaillée, où l'observateur s'est volontairement attardé au plus grand nombre de détails possibles (et non seulement à ceux que le guide dit être importants), peut permettre d'espérer en arriver à une identification correcte.

Ce sens de l'observation sur lequel nous insistons ne se limite pas à la seule identification des espèces; il est nécessaire à tout travail de terrain, y compris naturellement toutes les facettes de l'étude des oiseaux.

RECONNAÎTRE LES CHANTS

Pour les gens qui n'ont jamais porté attention à la présence des oiseaux, leurs chants paraissent indiscernables. Et pourtant chaque oiseau émet un chant tout à fait distinctif. Qui ne connaît pas le chant sinistre du Huart à collier, les croassements tout à fait uniques de la corneille, la complainte crépusculaire de l'Engoulevent bois-pourri ou les sifflements mécaniques, mais mélodieux, du Bruant à gorge blanche? Celui qui parvient à reconnaître le chant d'un oiseau pourra identifier son auteur avec autant de précision que par l'observation des caractéristiques de son plumage. D'ailleurs certaines espèces ne seront identifiées avec certitude que si elles chantent; c'est le cas en particulier du Moucherolle des aulnes et du Moucherolle

André Cyr

La plupart des oiseaux dorment le bec appuyé sur le dos. Ici, un *Pic chevelu* **agrippé au tronc d'un arbre.**

des saules qui ont un plumage si ressemblant qu'il faut les entendre chanter pour être certain de leur identité.

Après avoir développé sa faculté de reconnaître les chants d'oiseaux, l'observateur se rendra compte qu'il peut trouver beaucoup plus d'oiseaux de cette façon que s'il ne remarquait que ceux qui sont visibles. On peut marcher longtemps dans une forêt sans voir un seul oiseau, mais les chants entendus révèlent la présence d'un grand nombre d'espèces. Quand un observateur sera devenu familier avec les chants des oiseaux de sa région, tout chant nouveau attirera son attention.

Rares sont les personnes qui ne peuvent apprendre à reconnaître les oiseaux au chant. Contrairement à l'opinion reçue, avoir une «oreille musicale» ne constitue pas un prérequis indispensable. S'il nous est difficile d'indiquer les prédispositions qui font que quelqu'un peut apprendre à reconnaître les chants d'oiseaux, il nous est plus facile de dire comment on peut y arriver. *Ici encore, la recette magique réside dans les efforts volontaires que le débutant devra faire.*

L'utilisation des sonogrammes présentés dans un guide comme celui de Robbins peut être d'une certaine utilité à celui qui peut interpréter correctement ces représentations visuelles des chants d'oiseaux. Comme une expérience valable de terrain est nécessaire pour en déceler toutes les possibilités, il vaut mieux pour l'instant laisser cet outil aux spécialistes.

La façon la plus rapide consiste à se procurer un disque de chants d'oiseaux, à écouter attentivement ceux que l'on veut apprendre et à s'imposer l'obligation de noter par écrit ce que l'on entend.

La façon la plus efficace de procéder consiste tout d'abord à transposer en onomatopées le chant de toutes les espèces qui se prêtent à cet exercice. On verra facilement que le chant de la Paruline verte à gorge noire peut s'écrire: «ZI-ZI-ZI-ZOU-ZI». Chaque personne cependant perçoit les sons d'une façon qui lui est particulière. L'important, c'est de découvrir ce que l'on entend et de s'imposer l'obligation de le retranscrire, par exemple dans les pages de son guide d'identification, à côté des illustrations.

Tous les chants ne sont pas aussi faciles à interpréter. Les chants moins mécaniques, c'est-à-dire ceux composés de roulades et de trilles bien enchaînées, sont ceux qui donnent le plus de fil à retordre, même aux experts. Chacun devra donc découvrir comment il perçoit différemment leur qualité et leur rythme. De prime abord, le chant des grives est fait de courtes mélodies flûtées qui paraissent fort semblables. Mais en les écoutant l'une après l'autre à quelques reprises, on découvre facilement ce qui les distingue: la note introductrice bien séparée donnée par la Grive solitaire, la suite de notes de plus en plus aiguës de la Grive à dos olive, les notes de plus en plus graves de la Grive fauve, etc. Il n'y a pas d'autre façon de procéder: répertorier les espèces dont les chants se ressemblent et découvrir ce qui les distingue.

Il est inutile de consacrer du temps à apprendre les cris et les chants de toutes ces espèces qui, sur la liste taxinomique, vont du Huart à gorge rousse au Macareux moine. Ces espèces aquatiques, en plus des rapaces diurnes et des gélinottes, se manifestent à l'observateur sans qu'il soit nécessaire de connaître leur chant pour les identifier. C'est en les étudiant un à un en nature que l'on apprendra le mieux à connaître les vocalisations de ces oiseaux.

Méfiez-vous des imitations!

Avant de clore ce chapitre, il est bon d'avertir le débutant de se méfier des imitations que font certains oiseaux du chant d'autres espèces et des variations que prend le chant de certaines espèces.

Au Québec au moins trois oiseaux produisent des imitations. En mars et en avril en particulier, l'Étourneau sansonnet émet régulièrement des imitations réussies, même celle d'une horloge cou-cou! C'est lui le grand responsable des fausses identifications du Pioui de l'Est en avril: cette espèce n'a jamais été vue dans la province avant le mois de mai. Le Geai bleu, lui, restreint surtout ses imitations aux oiseaux de proie diurnes. La réputation du Moqueur polyglotte n'est plus à faire. On le reconnaît assez facilement cependant, car il mêle ses nombreuses imitations à son propre chant, qui est fort caractéristique.

Chez certaines espèces, le chant peut varier considérablement d'un individu à l'autre. En réalité il est difficile de trouver deux oiseaux d'une même espèce qui chantent de façon parfaitement semblable. Les techniques modernes d'enregistrement et d'audition révèlent souvent des variations d'exécution d'un oiseau à l'autre, et montrent que chacun a son propre répertoire qui peut être sensiblement différent de celui de son voisin. Cependant les notes d'un chant et leur qualité sont presque toujours reconnaissables par celui qui est familier avec les caractéristiques de base de ce chant.

Les problèmes les plus sérieux surgissent chez certaines espèces de parulines dont le chant est modifié à mesure que la saison de reproduction avance. Le phénomène est particulièrement répandu chez les espèces abondantes (Paruline jaune, Paruline à flancs marron, Paruline à gorge orangée, Paruline flamboyante). Il faut une oreille très exercée pour reconnaître les chants modifiés de ces oiseaux qui ressemblent

Le *Carouge à épaulettes* est une silhouette familière dans toutes nos régions.

Gaétan Duquette

à peine aux chants «typiques» reproduits sur les disques ou entendus à l'arrivée des premiers migrateurs en mai.

On ne saurait donc trop recommander la prudence, car on peut s'attendre à tout dans ce domaine. L'un des auteurs a déjà vu une Paruline flamboyante chanter comme une Paruline à ailes dorées, et une Paruline à croupion jaune comme une Paruline des pins. L'expérience de plusieurs ornithologues pourrait allonger considérablement cette liste de variations.

6.
LA CHASSE
PHOTOGRAPHIQUE
(Un texte de Gaétan Duquette)

La photographie et l'observation des oiseaux forment une association vraiment merveilleuse. De par le monde, près de 80% des photographes de la nature s'intéressent aux oiseaux et nombreux sont les ornithologues qui s'adonnent à la photographie, que ce soit pour conserver et partager le souvenir de leurs découvertes ou simplement accaparer un peu de la beauté fugace qui nous entoure.

LA BONNE VOLONTÉ NE SUFFIT PAS

Si la bonne volonté suffisait, faire de la bonne photographie d'oiseaux serait à la portée de tous; mais ce n'est pas aussi simple, hélas! Quatre conditions doivent être réunies chez qui veut obtenir d'intéressants clichés d'oiseaux:

— premièrement, il devra avoir de bonnes notions de base en photographie et plus particulièrement il lui faudra bien connaître les possibilités de son équipement de façon à en tirer le maximum;

— en deuxième lieu, il devra se familiariser avec les oiseaux qui seront ses sujets en s'intéressant particulièrement à leurs mœurs et à leur distribution;

— troisièmement, comme on le dit souvent en photo-graphie, *le succès dépend à 10% du matériel et à 90% de l'effort et des capacités personnelles*; la curiosité, l'ingéniosité, le sens de la composition et la patience seront des qualités indispensables pour réussir;

— enfin il faudra aussi, bien sûr, un peu de chance : chance de rencontrer l'oiseau peu farouche, chance de profiter de bonnes conditions météorologiques, chance tout simplement d'être là au bon moment.

S'ÉQUIPER CONVENABLEMENT

Il est très important d'aller dès le départ vers les grandes marques qui offrent des systèmes complets avec tous les accessoires. En ajoutant des articles selon vos envies, vos besoins ou... vos moyens, vous pourrez aller aussi loin que vous le voudrez et peut-être même transformer en profession ce qui ne sera au départ qu'un passe-temps très captivant.

Règle générale, plus on paie cher, meilleure est la qualité de l'équipement. Comme un bon équipement dure longtemps, il est souvent préférable, pour le même prix, d'acheter du matériel usagé de bonne qualité plutôt que du neuf de qualité passable. À prix égal, les grands systèmes se valent, certains offrant des dispositifs que d'autres n'ont pas et vice-versa.

L'appareil photographique, c'est évidemment d'abord un boîtier auquel viennent s'attacher différents objectifs. Trois formats s'offrent à l'acheteur : 6×6 cm, 6×4,5 cm et 24×36 mm; ces nombres réfèrent à la grandeur du négatif. De prime abord il faut écarter les deux premiers formats dont le prix, le poids et la manipulation sont des obstacles majeurs pour le débutant. Bien qu'ils offrent une meilleure définition et de meilleures possibilités d'agrandissement, leur gamme d'accessoires et de pellicules est plus restreinte.

André Cyr

Scène inhabituelle, un *Harfang des neiges* passe au-dessus du photographe.

Yves Mailhot

Le *Busard* est un rapace qu'on retrouve fréquemment aux abords des marais.

Le format 24×36 offre par contre une foule d'avantages: compact, léger, maniable, à prix raisonnable, il accepte une grande variété de films et permet de grandes vitesses d'obturation. L'appareil 35 mm (appellation conventionnelle de l'appareil utilisant un film de 35 mm de largeur) de type Reflex permet de voir directement dans le viseur la mise au point, la profondeur de champ, le cadrage et souvent la vitesse d'obturation et l'ouverture du diaphragme. Des sujets aussi mobiles que les oiseaux nécessitent un système de visée de ce type. Les objectifs sont interchangeables et, personnellement, je préconise la monture à baïonnette qui est de manipulation plus rapide que celle qu'on devra visser fébrilement dans les moments cruciaux.

Le posemètre, incorporé dans l'appareil, prend sa lecture directement à travers l'objectif. Ces appareils ont souvent un diaphragme ou une vitesse d'obturation automatique, ou même les deux, ce qui permet de sauver un temps précieux dans des conditions de lumière changeante. L'automatisme sur le diaphragme sera privilégié, sauf avec les objectifs à miroirs, car le dispositif est inopérant avec de tels objectifs qui ne possèdent qu'une seule ouverture fixe.

Plusieurs modèles peuvent être munis d'un moteur permettant des déclenchements successifs à raison de trois images ou plus par seconde. Ils peuvent devenir de véritables bouffe-pellicules, mais leur plus grande utilité est de permettre au photographe de concentrer toute son attention sur son sujet. En certaines occasions, ils servent également à documenter des séquences comportementales uniques. On pourra les utiliser ultérieurement avec des mécanismes de déclenchement à distance. Il peut donc être important de choisir dès le départ un système complet auquel s'adapteront tous les accessoires dont on aura besoin.

André Beaulieu

André Cyr

La photographie d'oiseaux en vol donne parfois des images saisissantes. En haut: une *Oie des neiges.* En bas: un *Fou de Bassan.*

Les objectifs

La plupart des boîtiers sont vendus avec un objectif ayant 45 à 55 mm de distance focale. Cet objectif, dit normal, peut être d'une utilité restreinte en photographie d'oiseaux. Il vaudrait mieux installer sur le boîtier un objectif «macro» de 55 mm qui permettra de prendre des plans rapprochés (nids, œufs, jeunes) tout en étant un objectif normal pour la photographie générale.

Mais parler de photographie d'oiseaux, c'est aussi et surtout parler de téléobjectifs qui rapprocheront ceux qu'on ne peut pas approcher. Essentiellement, avec les téléobjectifs, on grossit d'une fois par 50 mm; c'est donc dire qu'un 500 mm rapprochera dix fois le sujet photographié. Il ne faudrait pas toutefois penser qu'un tel grossissement est considérable; ainsi, avec cet objectif, un passereau mesurant une dizaine de centimètres, photographié à deux mètres, n'occupera que les 2/3 du négatif, d'où l'importance de se procurer des objectifs à très courte distance minimale de mise au point (de l'ordre de trois mètres).

Pour la photographie d'oiseaux il est donc essentiel de se munir d'un téléobjectif d'au moins 300 mm. La plupart des adeptes travaillent avec un 400 mm. Trois types de téléobjectifs sont utilisables, chacun possédant ses avantages et ses inconvénients. L'objectif idéal n'existe malheureusement pas encore.

Les téléobjectifs classiques

Ce sont les objectifs qui offrent la meilleure qualité optique, qui permettent d'obtenir la plus grande finesse de détails et qui rendent le mieux les couleurs. Ils utilisent de bonnes vitesses d'obturation grâce à leur diaphragme relativement grand, du moins pour les focales moyennes. Au delà de 400 mm, ils sont difficiles à tenir et un trépied ou une crosse photographique est indispensable. Ils sont lourds, encombrants, coûteux

Gaétan Duquette

Le *Canard branchu* fréquente les étangs boisés comme celui de Philipsburg.

et leur distance minimale de mise au point est assez grande. Mais pour qui ne peut être satisfait que par les meilleures photographies, c'est souvent le critère décisif par rapport aux autres téléobjectifs.

Les téléobjectifs à focale variable (zooms)

Une fois la mise au point effectuée, ils permettent de recadrer le sujet sans avoir à se déplacer ou à changer d'angle. En somme, ce sont plusieurs objectifs en un pour un prix moindre que la somme de ceux-ci. Un grand nombre de zooms longs sont disponibles : 100-500 mm, 200-500 mm, 135-600 mm, 180-600 mm, 360-1200 mm, etc. Le grand problème avec les zooms, c'est que leur focale minimum est d'une faible utilité ; si un 600 mm mesurant 40 cm, pesant 1,5 kg et ouvert à f/8 est acceptable, il en est tout autrement du 180 mm qui vient avec. Par ailleurs, même en y mettant le prix fort, les zooms permettent rarement de faire des photos d'aussi grande qualité que les téléobjectifs classiques.

Les téléobjectifs à miroirs (catadioptriques)

Ces objectifs de 500 mm et plus sont, grâce à leur construction particulière, plus courts, plus légers et plus faciles à manipuler et à transporter que les téléobjectifs classiques. Ils peuvent être utilisés sans trépied (avec délicatesse et expérience) et présentent une faible distance minimale de mise au point (quelques mètres à peine). Malheureusement, ils présentent eux aussi des désavantages : leur diaphragme fixe est de l'ordre de f/8, mais la lumière transmise est plutôt f/9 ou f/10, ce qui rend la mise au point difficile. Si le viseur de l'appareil est interchangeable, il faudra opter pour le verre dépoli sur toute la surface (associé à une lentille de Fresnel), car les autres systèmes de mise au point se transforment en plage noire dans de mauvaises conditions de lumière. Autre désavantage, leur qualité est très variable et un bon catadioptrique sera de prix équivalent à un téléobjectif classique. On note souvent que les bords de la photographie sont plus sombres que le centre ; de plus les objets qui ne sont pas au foyer produisent des cercles de diffusion qui peuvent agacer l'œil et le rendu des couleurs n'est pas toujours fidèle.

Les doubleurs de focale

Insérées entre l'objectif et le boîtier, ces lentilles doublent le rapprochement de l'objectif sans augmentation notable de poids, de longueur et de distance minimale de mise au point. Elles s'accompagnent cependant d'une grande perte de lumière (de l'ordre de deux crans), mais celle-ci est automatiquement calculée par le posemètre. Autrement dit, un doubleur de focale transforme un 400 mm f/5,6 en un 800 mm f/11. Il en résulte une perte de vitesse et, dans la plupart des cas, une dégradation de la qualité de l'image, particulièrement sur les bords.

Il existe toutefois de bons doubleurs, mais il faut y mettre le prix, évidemment. La meilleure façon d'acheter, c'est de se présenter chez le marchand avec son appareil, d'y acheter un film que l'on connaît bien, et de tester sur place l'objectif ou le doubleur choisi en photographiant une page de journal (qui devrait présenter une netteté maximale sur toute la surface), l'asphalte de la rue (qui ne devrait pas avoir de dominante colorée) et, par exemple, une boîte de crayons de couleurs (qui devraient être fidèlement reproduits). Un peu de temps, un peu d'argent et on évite ainsi un mauvais achat basé sur la publicité, l'allure ou le prix.

Les pellicules

L'appareil 35 mm accepte une gamme très étendue de films et malgré le petit format de la pellicule, il permet des agrandissements valables jusqu'à 11 × 14 pouces. Que ce soit en noir et blanc ou en couleurs, tous les films ont leurs qualités et leurs défauts. Il est inutile de les essayer tous : il est préférable de s'en tenir à deux ou trois films avec lesquels on s'est familiarisé et dont on aime les résultats. Par exemple, le High Speed Ektachrome traduit les couleurs en pastel alors que le Kodachrome les rend vives, voire criardes.

Même si mes préférences vont nettement vers la diapositive, dont on peut toujours tirer des photos couleurs sur papier, il est vrai que l'on obtient aussi de bonnes diapositives et de bons noir et blanc sur papier d'une pellicule négative couleurs.

Tout ceci est une question de goût personnel et peu importe son choix, on sera vite confronté à un autre dilemme : choisir entre une pellicule lente ou rapide. La pellicule lente (moins de 100 ASA) offrira moins de grain, plus de contraste, plus de finesse et permettra des tirages plus grands, mais elle demande une lentille à grande ouverture, c'est-à-dire lourde et coûteuse, de faibles vitesses d'obturation ou l'utilisation d'un flash. La pellicule rapide (plus de 100 ASA) s'utilise avec de bonnes vitesses d'obturation, dans de faibles conditions de lumière, avec des téléobjectifs à faible diaphragme. Bien sûr, on lui reprochera son manque de finesse et son moindre rendu des couleurs, mais vaut mieux une photo avec un peu de grain que pas de photo du tout. En somme, les pellicules lentes sont réservées pour la photographie à l'affût et les rapides pour la photographie à l'approche.

Les accessoires

Il convient d'ajouter quelques accessoires à votre boîtier muni d'un téléobjectif et chargé de pellicule, avant de vous lancer dans la verte nature. Un trépied muni de pattes télescopiques, alliant solidité et légèreté, est un achat souvent utile, et sera nécessaire pour utiliser une lunette si jamais on en fait l'acquisition. En passant il ne faut pas acheter une lunette avec l'espoir d'en faire un supertéléobjectif: on sera vite amèrement déçu par les résultats malgré ce que les vendeurs pourront en dire. Un bon trépied est une garantie de photos nettes avec les téléobjectifs de plus de 400 mm. On doit éviter les mini-trépieds dont la stabilité est, elle aussi, minime.

Une crosse (ou fusil photographique) est l'outil idéal pour suivre et arrêter un oiseau au vol. Métallique et ajustable, ou de bois et bricolable, la crosse s'utilise aussi avec la lunette.

Un flash électronique s'avère souvent utile pour les photographies rapprochées réalisées dans de mauvaises conditions de lumière ou pour les photos d'action à haute vitesse; les vitesses d'un flash varient de 1/1 000 de seconde chez les appareils courants à 1/50 000 chez les plus sophistiqués. De pareilles vitesses arrêtent toute action, mais donnent aussi des fonds noirs dus à la sous-exposition. Fait intéressant, les oiseaux s'habituent facilement à l'éclair du flash.

Un filtre ultraviolet (UV) ou antibrouillard peut être monté en permanence sur un objectif. Il permet d'éclairer les lointains, de diminuer les dominantes bleues et de protéger la lentille frontale tout en ne changeant rien au temps de pose. Un pare-soleil, s'il n'est pas déjà intégré à même l'objectif, peut aussi être ajouté et constituer un excellent pare-chocs.

Un sac porté en bandoulière est indispensable pour transporter et protéger son matériel. Cependant, l'idéal demeure la mallette d'aluminium où les emplacements des différents accessoires ont été aménagés dans la mousse de polyester. Résistant à la poussière, à l'humidité et aux chocs, cette valise peut même être transportée dans un sac à dos.

Comme c'est plus le photographe que son matériel qui effraie les oiseaux, différents dispositifs permettent de les photographier de très près (en l'absence du

photographe). Utilisés avec support, moteur et flash, ce sont les télédéclencheurs (pneumatiques, électro-magnétiques, émetteur radio) que l'on actionne à distance, les autodéclencheurs que le passage de l'oiseau actionne ou les intervallomètres qui déclenchent l'obturateur à intervalles fixes. La complexité et les prix de ces dispositifs sont tels qu'il vaut mieux les laisser aux professionnels.

LES COÛTS

Voici une liste de prix moyens de détail pour du matériel neuf. Elle ne vise qu'à donner un ordre de grandeur car les prix varient énormément selon les marques et les vendeurs.

Boîtier	200 $
Boîtier motorisable	275 $
Moteur	125 $
Objectif 50 mm «macro»	160 $
Téléobjectif 400 mm f/5,6 classique	450 $
Téléobjectif 500 mm f/8 à miroirs	425 $
Téléobjectif zoom 200-500 mm f/5,6	500 $
Doubleur	50 $
Trépied	60 $
Crosse d'épaule	40 $
Flash	60 $
Filtre ultraviolet	10 $
Déclencheur pneumatique	8 $
Sac	45 $
Mallette	95 $

On voit donc que l'équipement de base ne peut coûter beaucoup moins que 650 $. Pour environ 1 000 $, on a en mains un boîtier avec un objectif macro et un téléobjectif, un trépied, un flash et un sac.

André Hardy

Les *Fous de Bassan* de l'Île Bonaventure constituent des sujets de choix pour le photographe.

Bruno Scherrer

Le *Cardinal à poitrine rose,* dont le nom décrit bien le mâle, se rencontre surtout dans les broussailles, parmi les arbrisseaux de la forêt ou en bordure de celle-ci.

Pierre Bannon

Gaétan Bélanger

La *Paruline masquée*: la femelle ne porte pas le «masque» typique de l'espèce.

La *Sittelle à poitrine rousse,* une habituée des postes d'alimentation.

Je te salue, mère chérie,
Porteuse d'amour,
d'abnégation,
De pardon,
De don de soi.

Donneuse de vie,
Ta présence berce mon
    enfance,
Donne un sens à ma vie.
Tu es sur toutes lèvres,
Ton nom invoqué à
    jamais.
Marqué par ton souffle,
    ton sourire
Est un baume, une
    assurance,
Un bouquet de
    fraîcheur
Aux mille senteurs.

Je te salue, mère chérie,
Porteuse d'amour,...

omniprésente,
Bien-aimée, gardienne
    de mes jours,
De mes nuits,
Je te dois la vie, l'amour
    à la femme que tu es.

En hommage, reçois
    mon affection,
Mon filial et
    indéfectible
    attachement,
Mon inaltérable
    respect,
Mon amour.

Je te salue, mère chérie,
Porteuse d'amour,
d'abnégation,
De pardon,
De don de soi.

Parce que tu es
    donneuse de vie....

1994 sera l'an des Acadiens

M. Marcel Léger, secon
monstration de son talent d'o
instigation se sont réunies 200

Les similitudes sont grandes entre le moineau domestique, à gauche, et le moineau friquet. Extrait du Guide des oiseaux de l'Amérique du Nord, à l'est des rocheuses, éd. Broquet, avec l'aimable autorisation de l'éditeur.

On peut dépenser plus pour un équipement de qualité, mais quelle que soit la somme à investir, avant d'acheter, il faut se renseigner, discuter, comparer. On peut, avec circonspection, c'est-à-dire avec l'aide d'un connaisseur, se procurer du matériel usagé, parfois à la moitié du prix du neuf. Même par la voie des annonces classées des grands journaux, il sera possible de faire de bons achats.

L'APPROCHE OU L'AFFÛT

Deux grandes techniques de chasse photographique sont utilisées : l'approche et l'affût. Dans un cas comme dans l'autre les plus perfectionnistes ne mettent le nez dehors que par temps ensoleillé, un atout supplémentaire pour de meilleures photographies.

L'approche est certes plus courante, bien que n'étant ni la plus facile ni celle qui donne les meilleurs résultats. Essentiellement il s'agit de s'approcher de l'oiseau aperçu de loin, en se déplaçant à couvert pour masquer sa progression. On y apprend très tôt que le plus court chemin n'est pas nécessairement la ligne droite, d'autant plus qu'il faudra chercher à garder le soleil dans le dos. Si l'oiseau a une distance de sécurité en deçà de laquelle il s'enfuit, vous aussi avez une distance minimale au-delà de laquelle l'oiseau sera trop petit sur la pellicule. Par exemple, même avec un 500 mm, un merle doit être photographié à moins de 5 mètres pour donner un cliché intéressant. Il faut donc être toujours prêt à l'action et souvent prendre ses photos rapidement. Aussi une vitesse, un diaphragme, voire une mise au point préréglés seront très utiles.

L'affût consiste à attendre passivement le sujet dans un abri. Il faudra choisir l'emplacement et l'orientation de sa cache avec précision en tenant compte surtout des habitudes des oiseaux et de la luminosité. Bien que pouvant être simplement un amas de branches et de feuilles ou un parapluie vert foncé recouvert d'un filet de camouflage, un affût de toile imperméable et résistante montée sur une armature d'aluminium présente beaucoup plus d'avantages: discret parce que de teinte neutre et ne battant pas au vent, de transport facile (démontable et léger), adaptable à tous les terrains, cet abri sera assez haut pour s'y tenir debout, aura une surface d'un mètre carré et permettra de regarder dans toutes les directions grâce à des trous placés à différentes hauteurs. Une toile au tissage serré évitera les ombres chinoises, mais il faudra prévoir de la ventilation pour les chaudes journées d'été.

L'affût est de loin la méthode qui donne les meilleurs résultats, car l'oiseau ne se sentant pas observé sera au naturel; un trépied stable, une pellicule lente et une faible distance donneront les photos ayant un maximum de détails et de définition.

Alliant l'approche à l'affût, l'automobile et les embarcations légères sont des abris très confortables auxquels les oiseaux sont habitués et qu'on aurait tort de négliger. Combien d'excellentes photos ont été prises le long des routes, des lacs ou des rivières?

AVANT, PENDANT ET APRÈS LE DÉCLIC

Quelle que soit la technique utilisée, quelques conseils supplémentaires peuvent s'avérer très utiles à ceux qui adopteront le loisir passionnant de la photographie d'oiseaux. Mais avant toute autre chose, il est bon de se rappeler que la photographie d'oiseaux, lorsque pratiquée à outrance et sans discernement, peut facilement nuire aux conditions de vie de ces derniers. Si l'on prônait la patience au début de ce chapitre, celle-ci ne devrait jamais s'exercer au détriment du bien-être des oiseaux. Il convient d'être particuliè-

Noël Breton

La *Grive solitaire* a un plumage terne mais son chant est très mélodieux.

rement prudent près des nids. En effet la fuite est la seule défense de la plupart des oiseaux; un nid approché trop rapidement ou trop souvent pourra être abandonné par son propriétaire, surtout aux premiers stades de la nidification; de plus, les jeunes nidicoles seront amenés à le quitter prématurément. Le simple fait de déranger branches, feuilles ou herbes pour mieux voir aura pour résultat d'exposer dangereusement œufs et jeunes au soleil et à la vue des corneilles, sans parler des autres prédateurs comme le renard qui auront droit à un festin facile en suivant votre trace.

Avant le déclic...

La mise au point: il est parfois possible de faire la mise au point à l'avance lorsque l'oiseau revient régulièrement au même perchoir. Il convient toutefois d'être particulièrement méticuleux sur ce point, car la profondeur de champ n'est que de quelques centimètres avec un 500 mm f/8 à 10 mètres. À la rigueur, à de faibles vitesses d'obturation, un mouvement de l'oiseau peut être acceptable, mais un flou de mise au point est inadmissible.

La profondeur de champ: elle est directement visible dans le viseur, en fonction de l'ouverture du diaphragme. Il est recommandé de choisir une vitesse minimale en donnant une plus petite ouverture de façon à augmenter la profondeur de champ. Par exemple si 1/125 de seconde suffit, mieux vaut 1/125 à f/11 que 1/500 à f/5,6.

La vitesse d'obturation: il est difficile d'immobiliser les ailes d'un oiseau sans flash, mais peu importe, car le flou de mouvement fait vraiment «photo d'action». Pour arrêter un oiseau au vol, 1/500 de seconde est recommandé pour les oiseaux «lents» et 1/1 000 pour les oiseaux rapides. Par contre, à des vitesses moindres, on peut suivre l'oiseau dans le viseur et déclencher en

Jean Burton

En marchant lentement au bord de l'eau ou en demeurant à l'affût, le *Grand Héron* capture, pour se nourrir, de petits poissons et des grenouilles.

Christian Pilon

Après avoir passé un certain temps à l'eau, les *Cormorans à aigrettes* doivent laisser sécher leurs ailes.

mouvement, sans heurt et en souplesse. Bien faite, cette technique du suivi donne un oiseau net, se déplaçant sur fond flou, rendant bien l'idée de vitesse.

L'éclairage: il est essentiel d'avoir la bonne exposition (combinaison vitesse-diaphragme-ASA) si l'on veut un bon rendu des couleurs car les pellicules couleurs, les diapositives notamment, ont une très faible latitude à la sur- et à la sous-exposition (leur tolérance n'est que d'un cran). Dans les situations critiques, mieux vaut sous-exposer que sur-exposer. Quand le temps le permet, on prendra trois ou quatre clichés à des expositions différentes. Si l'éclairage latéral accuse les contrastes et met le sujet en évidence, l'éclairage de 3/4 arrière (par rapport au photographe) reste le meilleur, car il conserve le relief du sujet qui est bien éclairé; l'éclairage de dos donne des images plates, sans modelé. Quand au contre-jour, ses résultats sont discutables, bien que présentant un certain effet.

La composition: souvent on remplit l'image avec le sujet et la composition relève alors du domaine du portrait. Quand le sujet fait partie de son environnement, il devient possible de composer. Que le cadrage soit horizontal ou vertical, il faut tenter de ne pas placer le sujet au centre lorsque les objets secondaires ne sont pas trop distrayants. On n'hésitera pas à photographier le même sujet en plan horizontal et en plan vertical: les photos pourront alors s'adapter à tous les formats de livres et revues si on les soumet pour publication. Faire en sorte d'éviter les objets artificiels (poteaux, fils, édifices, routes, etc.) s'ils ne sont pas en relation avec le sujet.

...Pendant...

Avec les téléobjectifs, il convient de s'appuyer au besoin en utilisant un trépied ou un support «naturel». Il est important d'attendre l'action, d'anticiper un mouvement intéressant et de déclencher au bon moment, lentement mais «fermement». Il vaut mieux prendre plus de photos que moins et à cet effet les pellicules de 36 poses confèrent plus d'autonomie que celles de 20 poses.

...Après

Il est toujours intéressant de présenter ses photos ou diapositives à des auditoires intéressés. Il convient alors d'être particulièrement critique en écartant systématiquement les clichés de qualité inférieure. Il est bon de se donner des thèmes sur lesquels seront greffées les images, par exemple les oiseaux d'une mangeoire, un couple au nid et l'envol des jeunes, ou les oiseaux vus durant un voyage. Il est bon de faire un court exposé avant la projection, pour éviter les longueurs par la suite. Quelque cent dispositives présentées en une heure, accompagnées de commentaires pertinents, seront suffisantes pour intéresser sans lasser.

7.
ACTIVITÉS DES ORNITHOLOGUES AMATEURS

Toute personne qui s'intéressera à l'étude des oiseaux trouvera rapidement des centres d'intérêts particuliers. Certains combleront un besoin de délassement par une simple randonnée en nature ou un séjour en villégiature. D'autres retireront beaucoup de satisfaction à installer des nichoirs et à les voir occupés par des oiseaux avec lesquels ils établiront une complicité qu'on pourrait croire réciproque.

Par ailleurs, l'étude des oiseaux permettra à plusieurs de satisfaire leur curiosité naturelle; la majesté, l'audace ou la beauté des oiseaux ne manqueront pas de les nourrir d'impressions durables. Peu importe la nature de ses préoccupations (les possibilités sont inépuisables), l'ornithologue amateur pourra mettre à contribution tout l'éventail de ses aptitudes. En devenant membre d'un club, il aura l'occasion d'échanger avec des personnes qui partagent les mêmes goûts.

RECHERCHES PERSONNELLES

Avant d'examiner quelques-unes des recherches qui peuvent être entreprises par les amateurs, il convient

Yves Mailhot

À l'époque des migrations, la *Buse à queue rousse* est souvent aperçue perchée dans les arbres de nos campagnes.

de dire un mot immédiatement de la valeur de ces travaux.

L'ornithologie est une science qui a beaucoup progressé au XXe siècle, et cela en partie grâce à la contribution apportée par les amateurs. Les ornithologues professionnels reconnaissent volontiers que sans la foule des données accumulées par les amateurs, bien des phénomènes resteraient encore inexpliqués. Il convient donc d'insister sur l'intérêt qu'il peut y avoir pour l'amateur de faire connaître ses découvertes. Peu importe qu'il s'agisse de notes sur la distribution ou le comportement, on peut avoir l'assurance que les éditeurs de publications, entre autres, se feront un devoir de s'assurer que toute donnée ayant une valeur soit conservée ou publiée. Prise isolément chaque donnée ornithologique a peu de valeur en soi; souvent seule l'analyse de données éparses permettra de dégager des connaissances significatives. Il ne faut donc pas sous-estimer la valeur possible de ses observations et ne pas craindre de les faire connaître.

Nous ne pouvons pas, dans le cadre de cet ouvrage, fournir une liste complète de tous les projets auxquels pourrait s'adonner l'ornithologue amateur. Nous avons déjà parlé de la photographie et de l'entretien de nichoirs et de postes d'alimentation. Voici quelques exemples de recherches pour les plus audacieux.

Liste régionale annotée

Quand on habite (ou visite régulièrement) une région, les sorties répétées au fil des années permettent d'accumuler une quantité impressionnante d'observations. Celui qui aura pris soin de les noter soigneusement pourra facilement établir une liste annotée des oiseaux qui fréquentent un secteur bien délimité. Rien de plus facile que de faire connaître les nicheurs, les migrateurs, les visiteurs, les sites fréquentés, les dates de séjour et de passage et toute autre information pertinente.

Histoire naturelle d'une espèce

Plusieurs ornithologues manifestent souvent une préférence marquée pour l'étude d'une espèce en particulier. Ils consacrent alors toute leur attention à l'observation de tous les aspects de l'histoire naturelle de cet oiseau (migration, établissement des territoires, formation des couples, chant, accouplement, construction du nid, incubation, élevage des jeunes, etc.). De nombreuses années peuvent être consacrées à des recherches de ce genre et on imagine bien toute la richesse de la documentation qui peut être accumulée de la sorte. Pour s'en convaincre, il suffit de rappeler que c'est Margaret Morse Nice, une Américaine mère de cinq enfants, qui a produit l'ouvrage classique dans le genre; son étude sur le Bruant chanteur fait encore école aujourd'hui.

Enregistrement de chants d'oiseaux

Pour ceux dont les talents et les intérêts se portent vers le plan sonore, il est possible d'enregistrer sur ruban magnétique les vocalisations des oiseaux, avec un équipement adéquat. Un magnétophone portatif de haute qualité et un microphone directionnel sont nécessaires.

Autres projets de recherche

La liste est très longue de toutes les recherches de courte et moyenne durée que les amateurs peuvent entreprendre. Dans un aperçu qui est loin d'être exhaustif on peut faire mention des études portant par exemple sur les oiseaux fréquentant une mangeoire (nombre, comportement, alimentation), sur les diverses phases de la nidification, sur les comportements

Gilles Ouellet

Le *Cardinal rouge* est, avec le Tangara écarlate, l'un de nos oiseaux les plus richement colorés.

Pierre Bannon

On a peu d'occasion d'observer le *Tangara écarlate,* aux si vives couleurs, entre autres à cause de la vie retirée qu'il mène.

d'alimentation ou sur les migrations (dates de passage, abondance).

CLUBS ET ORGANISMES

Plusieurs organismes regroupent les ornithologues amateurs du Québec. Par des publications, des excursions ou des conférences, ces clubs visent à promouvoir une meilleure connaissance et appréciation de nos oiseaux sauvages. Plusieurs travaillent de plus à des études sur les problèmes croissants de la protection de l'environnement, en fonction de l'aspect ornithologique.

Des feuillets d'observations quotidiennes sont distribuées par la plupart de ces clubs, à condition qu'ils leur soient retournés une fois remplis; ces observations servent de base aux publications des clubs et sont ensuite emmagasinées sur fichier magnétique pour usage ultérieur.

Voici la liste des clubs les plus importants présentement en activité au Québec:

Le Club des ornithologues du Québec
a/s C.L.R.Q.
1990, boulevard Charest ouest
Sainte-Foy, Qc
G1N 4K8

Le Club des ornithologues amateurs
du Saguenay/Lac Saint-Jean
2215, boulevard Mellon
Jonquière, Qc
G7S 3G4

Le Club des ornithologues de l'Outaouais
C.P. 419, Succursale A
Hull, Qc
J8Y 6P2

André Hardy

Le *Bruant des prés* est abondant dans les terrains herbeux.

André Cyr

Étalant les plumes du croupion pour le rendre voyant, le *Pluvier kildir* feint l'aile cassée pour éloigner les intrus loin de son nid.

Le Club des ornithologues de la Gaspésie
C.P. 245
Percé, Qc
G0C 2L0

Le Club des ornithologues du Bas Saint-Laurent
C.P. 118
Pointe-au-Père, Qc
G0K 1G0

La Société de loisir ornithologique de l'Estrie
Département de Biologie
Université de Sherbrooke
Sherbrooke, Qc
J1K 2R1

Le Club d'ornithologie de la région de Drummondville
a/s CEGEP de Drummondville
960, rue Saint-Georges
Drummondville, Qc
J2C 6A2

La Société du loisir ornithologique de l'Abitibi
20, rue Reilly
Rouyn, Qc
J9X 3N9

Le Club d'ornithologie de la Société de Biologie
de Montréal
C.P. 39, Succursale Outremont
Outremont, Qc
H2V 4M6

Le Club ornithologique de la Mauricie
a/s Robert Lord
100, 9ème Avenue
Grand'Mère, Qc
G9T 1V5

La Société d'ornithologie de Lanaudière
435, 1ère Avenue Pied-de-la-Montagne
Sainte-Marcelline, Qc
J0K 2Y0

Le Club d'ornithologie Sorel/Tracy
a/s Sylvain Giraldeau
30, rue des Sables
Sorel, Qc
J3P 5E6

Yves Mailhot

Le *Petit Pingouin* n'est apparenté en aucune façon avec les Manchots de l'Antarctique. La confusion vient du fait que l'on désigne en anglais ces derniers par le terme «Penguins».

Il existe également un club anglophone actif dans la région de Montréal :

The Province of Quebec Society
for the Protection of Birds
P.O. Box 43, Station B
Montreal, Quebec
H3B 3J5

Ce club organise une conférence mensuelle de septembre à mai et plusieurs excursions durant la même période.

À ceux qui voudront devenir membres d'un club, une mise en garde s'impose. Ces organismes sont animés par des bénévoles dont les disponibilités sont exploitées au maximum. Soyez indulgents pour certaines lenteurs administratives. Si l'éventail de leurs activités vous semble incomplet, leurs dirigeants en sont nettement conscients; ils apprécieront grandement les initiatives que vous pourrez prendre et qui seront de nature à intéresser ceux qui comme vous en ressentent le besoin.

Il faut aussi mentionner des clubs d'ornithologie dans certains collèges (Hauterive, Rivière-du-Loup, La Pocatière, Rigaud, par exemple). Destinés d'abord aux étudiants, ces clubs peuvent cependant renseigner le public si l'occasion se présente. De plus, il existe plusieurs camps en sciences naturelles, au programme desquels l'ornithologie figure. Pour obtenir les détails concernant ces organisations, il suffit de contacter :

Le Conseil de développement du loisir scientifique
1415 est, rue Jarry
Montréal, Québec
H2E 2Z7
Tél.: (514) 374-0173

Le recensement des oiseaux de Noël: une activité qui se répète chaque année sur le continent nord-américain depuis le début du siècle.

De quel oiseau s'agit-il exactement? Avait-il le dos rayé, le bec jaune ou noir?

109

COLLABORATION À DES PROGRAMMES DE RECHERCHE

Plusieurs activités spécifiques sont de nature à intéresser l'amateur; notons les plus importantes:

Le Fichier de nidification des oiseaux du Québec

Le Fichier recueille, sur des cartes fournies à cet effet, les données ayant trait à la nidification de tous nos oiseaux en vue d'études biologiques plus approfondies; la collaboration des propriétaires de nichoirs est particulièrement appréciée. Un rapport est envoyé chaque année aux collaborateurs. Pour obtenir une provision de fiches il suffit d'écrire à:

Fichier de nidification des oiseaux du Québec
Section d'ornithologie
Musée national des Sciences naturelles
Ottawa, Ontario
K1A 0M8

Le Recensement de Noël

Il s'agit d'une activité coordonnée à l'échelle de l'Amérique du Nord et dont les résultats sont publiés dans la revue *American Birds*. Tous les membres de clubs d'ornithologues amateurs sont invités à participer à cette activité; elle consiste à dénombrer tous les oiseaux présents dans un secteur de 7,5 milles de rayon. Ce recensement dure une journée et a lieu à la fin de décembre; une cotisation minime est exigée des participants pour défrayer les frais de publication des résultats obtenus dans plus de 1 000 localités de l'Amérique du Nord.

Les *Goélands à bec cerclé* nichent en colonies denses: près de 20 000 couples occupent une île de la Voie Maritime à proximité du pont Champlain.

Christian Pilon

Le dénombrement d'oiseaux nicheurs

Cette activité ne s'adresse qu'aux personnes ayant une très bonne connaissance des chants d'oiseaux puisqu'il s'agit d'un recensement auditif, en bonne partie. Les recensements sont effectués selon des modalités précises et servent à échantillonner les oiseaux à l'échelle de l'Amérique du Nord. Le responsable pour le Québec est:

M. André Cyr
Département de Biologie
Université de Sherbrooke
Sherbrooke, Québec
J1K 2R1

Dénombrement de rapaces migrateurs

La *Hawk Migration Association of North America* supervise un inventaire des rapaces migrateurs à l'échelle de l'Amérique du Nord. Moyennant une cotisation annuelle, les membres reçoivent un rapport printanier et un rapport automnal de ces activités. La secrétaire actuelle de l'association est:

Nancy Clayton
95 Martha's Point Road
Concord, Mass. 01742
U.S.A.

Recensement d'oiseaux nicheurs et d'oiseaux hivernants

Coordonnés par la National Audubon Society, ces recensements d'oiseaux nicheurs et d'oiseaux hivernants s'adressent aux ornithologues qui maîtrisent l'identification des oiseaux de leur région aussi bien par l'ouïe que par la vue. En suivant des instructions précises, il s'agit de visiter à une dizaine de reprises la même parcelle d'un habitat et d'enregistrer tous les oiseaux rencontrés. Les résultats de ces recensements sont publiés dans la revue *American Birds.*

8.
LA BIBLIOTHÈQUE DE L'ORNITHOLOGUE AMATEUR

Les livres sur les oiseaux sont légion. Comme dans n'importe quel domaine, certains sont excellents et d'autres tout à fait inutiles. Nous vous présentons ici ceux qui se trouvent le plus souvent dans les bibliothèques des ornithologues amateurs.

Évidemment, il peut être avantageux de pouvoir consulter ces volumes avant de décider de se les procurer. Les bibliothèques publiques des cités et villes offrent un choix très inégal dans ce domaine. Les bibliothèques universitaires, particulièrement celles des départements de biologie, sont habituellement beaucoup mieux garnies. Il est bon de mentionner ici que la bibliothèque Blacker-Wood de l'université McGill à Montréal est l'une des plus riches bibliothèques ornithologiques en Amérique du nord. À Québec, la bibliothèque du Jardin zoologique de Charlesbourg est relativement bien pourvue.

OUVRAGES GÉNÉRAUX

L'intérêt que l'on porte aux oiseaux engendre souvent la curiosité d'en connaître plus que ce que nos propres observations nous révèlent sur leurs mœurs, leur anatomie ou leurs migrations. Plusieurs volumes peuvent apporter les réponses aux questions d'ordre général que l'on peut se poser à leur sujet. On cite souvent l'ouvrage de R.T. PETERSON (1969), *Les oiseaux* (Collection Time-Life), comme une réussite dans le genre. Il en existe de plus volumineux, et de plus coûteux naturellement. La plus récente production en langue française est due à la plume de Jean DORST (1971) et s'intitule *La vie des oiseaux* (deux tomes), complétée par *Les oiseaux dans leur milieu* (Éditions Rencontre, Lausanne). En langue anglaise, il faut mentionner *The Life of Birds* de J.C. WELTY (W.B. Saunders Co., 1975), ouvrage utilisé dans plusieurs universités nord-américaines comme manuel des cours généraux d'ornithologie. Abordant les mêmes sujets que le volume précédent, le manuel de O.S. PETTINGILL, *Ornithology in Laboratory and Field* (Burgess Publishing Co., 1970), propose au lecteur des sujets d'étude et décrit les méthodes appropriées.

Présentant l'avifaune de l'Amérique du Nord, le livre suivant mérite notre attention: l'*Audubon Society Encyclopedia of North American Birds* de J.K. TERRES (A.A. Knopf, New York, 1980). Cet ouvrage sert de référence pour près de 6 000 définitions et comporte une bibliographie de 4 000 titres. Son attrait principal réside dans les innombrables photographies en couleurs (près de 900) représentant presque toutes les espèces du continent; de plus, 800 dessins en noir et blanc illustrent les sujets traités.

En plus des définitions de termes scientifiques et des articles sur tous les aspects de la vie des oiseaux, cette encyclopédie comprend une description de toutes les espèces nord-américaines incluant une foule d'informations utiles (régime alimentaire, longévité, poids, etc.).

Le *Harfang des neiges* chasse surtout de jour.

Le guide de C. HARRISON (1978), *A Field Guide to the Nests, Eggs and Nestlings of North American Birds* (Collins Books), malgré certaines faiblesses, est le seul ouvrage actuellement disponible traitant des œufs, des nids et des poussins des oiseaux de l'Amérique du Nord. Pour l'identification des œufs et des nids des oiseaux de l'Est du continent seulement, l'amateur fera un très bon investissement en se procurant *A Field Guide to Birds' Nests* de H. HARRISON (Houghton Mifflin, 1975).

Pour un bon survol de l'avifaune du Québec, on aura intérêt à se procurer *Les oiseaux du Québec* de R. CAYOUETTE et J.-L. GRONDIN (Société zoologique de Québec, 1977). Ne traitant que des espèces les plus communes, 243 au total, cet ouvrage donne des généralités sur les différents groupes d'oiseaux et les situe dans leur habitat. Le texte plutôt concis consacré à chaque espèce décrit les traits saillants de son mode de vie, son chant, ses cris, ainsi que l'aire géographique occupée au Québec.

ÉTUDES RÉGIONALES

Pour connaître la région fréquentée par une espèce et l'époque à laquelle on peut l'y rencontrer, l'ornithologue amateur s'en remettra régulièrement à l'un ou l'autre des ouvrages suivants.

Consacré à l'étude de tous les oiseaux rencontrés au Canada, l'excellent volume de W.E. GODFREY (1967), *Les oiseaux du Canada,* (Musées nationaux du Canada, Bull. 203), offre pour chaque espèce une carte de sa zone de nidification et un texte incluant des notes générales sur sa distribution saisonnière. *Ce volume est le premier que l'amateur sérieux doit se procurer après un guide d'identification,* d'autant plus qu'il complète avantageusement un tel guide. En effet, en plus de notes détaillées sur l'habitat et la reproduction, une description complète des principaux plumages de chaque espèce accompagne un excellent paragraphe soulignant les traits caractéristiques sur le terrain. Et les planches en couleurs sont toutes de qualité supérieure, et même inégalée pour certains groupes difficiles comme les bécasseaux, les pinsons et les fauvettes en plumage d'hiver. Une deuxième édition de cet ouvrage devrait paraître sous peu. L'auteur y présentera une mise à jour complète des connaissances acquises sur les oiseaux du Canada.

L'ouvrage intitulé *Encyclopédie des oiseaux du Québec* (Les éditions de l'Homme, 1972) est une reproduction des textes du volume précédent qui ne traitent que des espèces rencontrées au Québec. Ce livre ne constitue pas un achat avantageux à cause de la très mauvaise qualité des illustrations et de la reliure. On ne regrettera jamais d'investir quelques dollars additionnels pour se procurer *Les oiseaux du Canada*.

Édité par le Club des ornithologues du Québec, l'étude la plus complète et la plus récente sur la distribution des oiseaux au Québec est celle de N. DAVID (1980), *État et distribution des oiseaux du Québec méridional*. Pour chaque espèce rapportée dans la province, ce volume présente un résumé de sa distribution qui précise dans lesquelles de onze régions du Québec méridional elle niche, passe en migration, s'est égarée occasionnellement ou a hiverné; il contient en outre des histogrammes qui illustrent avec précision les périodes de séjour et de passage des espèces les plus répandues dans trois sections différentes de la vallée du Saint-Laurent.

Il existe certains autres volumes qui apportent davantage de précisions pour les oiseaux de certaines régions du Québec. Citons entre autres le monumental *Birds of the Labrador Peninsula and Adjacent Areas* de W.E.C. TODD (University of Toronto Press, 1963); fruit de 50 ans de recherches, les 800 pages de ce livre

Pierre Bannon

L'*Hirondelle des granges* a l'habitude de nicher dans les bâtiments de ferme, par exemple sur une poutre à l'intérieur de la grange.

Gaétan Duquette

Christian Pilon

Les *Grands Corbeaux* sont nombreux dans les régions montagneuses ou boisées.

L'*Hirondelle bicolore,* l'une des premières à nous revenir au printemps.

présentent toutes les mentions de distribution des oiseaux rencontrés au nord d'une ligne joignant l'embouchure de la Saguenay au sud de la baie James. Henri OUELLET (1974) a publié un livre très utile pour le Sud-Ouest du Québec: *Les oiseaux des collines montérégiennes et de la région de Montréal* (Publications en zool. No 5, Musée national des sciences naturelles, Ottawa). Les amateurs de la région de Québec peuvent compter sur l'*Étude des populations d'oiseaux de la région de Québec* de L. FORTIN, J.-P. SAVARD et C. AUBERT (Club des ornithologues du Québec, 1978); les nombreux histogrammes de cet ouvrage illustrent les périodes de séjour de chaque espèce traitée, ainsi que les fluctuations hebdomadaires de leurs effectifs.

Des informations complémentaires pourront être obtenues à partir des ouvrages qui traitent de l'avifaune de régions adjacentes au Québec; Ontario: *Annotated Checklist of the Birds of Ontario* (JAMES, MCLAREN et BARLOW, Royal Ontario Museum, Toronto, 1976); New York: *Birds of New York State* (BULL, Doubleday, 1974); Vermont: *Birds of Vermont* (SPEAR, Green Mountain Audubon Society, 1976); Nouveau-Brunswick: *The Birds of New Brunswick* (SQUIRES, The New Brunswick Museum, 1976); Nouvelle-Écosse: *The Birds of Nova Scotia* (TUFTS, Nova Scotia Museum, 1973).

MONOGRAPHIES

Pour une raison ou pour une autre, la plupart des ornithologues amateurs développent souvent une curiosité plus poussée pour un groupe d'oiseaux en particulier. Les possibilités de se documenter à fond sur le sujet de son choix ne manquent pas. Comme première acquisition, il faut puiser dans l'irremplaçable série des quelque 25 volumes de A.C. BENT (1919-1968), *Life Histories of North American Birds* (Dover Publications). Chaque volume traite des oiseaux d'une même famille (ou de familles voisines) et consacre en moyenne une vingtaine de pages à chaque espèce. Avec des descriptions assez complètes, on y trouve toutes les connaissances compilées par l'auteur sur les mœurs et les activités de chaque espèce, complétées par un calendrier de ses migrations. Pour les passereaux, il n'existe pas d'autre ouvrage qui puisse fournir autant de renseignements sur chaque espèce. Le *Handbook of North American Birds* (R. S. PALMER, 1962, 1975, Yale University Press), dont trois volumes sont parus à ce jour, constitue également une source importante de renseignements sur les oiseaux du continent nord-américain.

Il serait trop long d'énumérer et d'analyser la grande quantité d'ouvrages spécialisés actuellement disponibles. Dans la liste qui suit, nous avons cité les plus récents sur certains groupes d'oiseaux, en particulier ceux qui ont fait l'objet des premiers volumes de la série de BENT et qui, bien que toujours utiles, ont tout de même beaucoup vieilli. Canards: *Ducks, Geese and Swans of North America* (BELLROSE, Stackpole Books, 1975); *Waterfowl of North America* (JOHNSGARD, Indiana University Press, 1975); Gallinacés: *Grouse and Quails of North America* (JOHNSGARD, The University of Nebraska Press, 1973); Limicoles: *The Shorebirds of North America* (STOUT, Viking Press, 1966).

PÉRIODIQUES

Plusieurs revues spécialisées sont consacrées exclusivement à l'ornithologie. Un intérêt très poussé peut motiver un abonnement, mais on peut toujours les consulter dans les bibliothèques universitaires si l'on juge ne devoir les utiliser qu'occasionnellement.

La revue *American Birds* (six numéros par an) est consacrée surtout à l'étude des fluctuations des popu-

Yves Aubry

Le *Puffin majeur* est un oiseau océanique qu'il est rare de voir près des côtes.

lations d'oiseaux de l'Amérique du Nord. Les articles traitent des questions inhérentes à la distribution et à l'observation des oiseaux. Quatre numéros contiennent une analyse saisonnière des faits saillants des mentions d'observations présentées selon un découpage régional qui couvre le Canada et les États-Unis. La rédaction du résumé des observations faites au Québec est assurée par les présents auteurs depuis 1975. Un cinquième numéro présente les résultats de tous les recensements de Noël réalisés en Amérique du Nord, et le dernier les données obtenues par des recensements tenus en été et en hiver dans différents habitats.

Les revues trimestrielles américaines *Auk, Wilson Bulletin, Condor* et *Journal of Field Ornithology* (autrefois *Bird-Banding*) présentent des articles très spécialisés sur la biologie, la taxinomie, les migrations et la distribution des oiseaux de ce continent. Deux publications canadiennes, le *Naturaliste canadien* et le *Canadian Field-Naturalist*, publient à l'occasion des articles sur les oiseaux.

CATALOGUES

La plupart des livres mentionnés dans ce chapitre peuvent être achetés de firmes spécialisées dans la vente par la poste de volumes ornithologiques. Chacune publie un catalogue, renouvelé à chaque année, qui permet de connaître tous les volumes actuellement disponibles. Le catalogue des deux premières firmes est gratuit sur demande; celui de Patricia Ledlie coûte 1,50$ US et celui de Buteo Books 1,00$ US. Cette dernière firme possède l'inventaire le plus considérable et fixe souvent les meilleurs prix.

Centre de conservation de la faune ailée
C.P. 14, Succursale Anjou
Montréal, Québec,   H1K 4G5

Deux jeunes *Pioui de l'Est* attendent la nourriture qu'un de leurs parents ne manquera pas de leur apporter.

Le *colibri* ne se nourrit pas exclusivement de nectar; celui-ci est attiré par de la sève. Les perforations sont le résultat du travail du Pic maculé.

Petersen Book Company
P.O. Box 966
Davenport, Iowa   52805

Patricia Ledlie
Box 46
Buckfield, Maine   04220

Buteo Books
P.O. Box 481
Vermillon, South Dakota   57069

DISQUES

Parmi tous les disques disponibles qui présentent les chants des oiseaux, on doit retenir:

Le Guide sonore des oiseaux du Québec, produit par la Société zoologique de Québec, présente dans un enregistrement de bonne qualité les chants d'environ 80 espèces. En vente chez les disquaires.

Destiné à accompagner le guide de Peterson, les deux disques composant *A Field Guide to Bird Songs* présentent les chants de tous les oiseaux de l'Est de l'Amérique du Nord. Un album différent contient les chants des oiseaux de l'Ouest du continent.

La Federation of Ontario Naturalists a produit plusieurs disques de qualité. Mentionnons entre autres:

— *Warblers* (Parulinés);
— *Finches* (Pinsons, Bruants,
— *Wrens, Mockingbirds and Thrushes* (Troglodytes, Moqueurs et Grives).

Dans ces albums, cinq à huit chants différents sont présentés pour chaque espèce. C'est donc un instrument très utile pour qui veut approfondir ses connaissances dans ce domaine. Ces disques, comme ceux mentionnés au paragraphe précédent, sont disponibles chez :

Nature Canada Bookshop
75 Albert Street
Ottawa, Ontario
K1P 6G1

9.
LES OISEAUX DU QUÉBEC

Sans compter les oiseaux échappés de captivité, plus de 390 espèces différentes d'oiseaux ont été rencontrées au Québec. Il faut toutefois préciser que la présence de certaines de ces espèces n'est pas établie de façon indubitable et tient au seul témoignage de quelques observateurs. Cette avifaune est essentiellement constituée d'environ 260 nicheurs (moins de 3% des espèces du Monde) et d'une quarantaine d'espèces qui visitent régulièrement la province au cours de leurs déplacements migratoires; le groupe restant est formé par les oiseaux qu'on a observé ici qu'en de très rares occasions, égarés exceptionnellement loin des territoires où ils séjournent ordinairement.

Devant la liste des oiseaux d'une région, la plupart des gens ne peuvent soupçonner que leurs types de séjour et de déplacement migratoire sont bien différents d'une espèce à l'autre. Fort peu vulgarisées, ces connaissances ne s'acquièrent souvent qu'à la suite de nombreuses saisons d'observations sur le terrain. Le lecteur trouvera donc dans ce chapitre diverses informations lui permettant de mieux cerner la composition de notre avifaune. Il apprendra à connaître les espèces introduites et les espèces récemment immigrées, lesquelles s'ajoutent aux espèces indigènes du continent nord-américain. En outre, en considérant le type de séjour que font les espèces rencontrées sur notre territoire, il trouvera les éléments de distinction entre les sédentaires, les migrateurs et les visiteurs.

LES ESPÈCES INTRODUITES

Dans un territoire, les espèces introduites sont celles qui ont été délibérément importées par l'homme. Les unes sont relâchées dans le but de les acclimater; les autres, s'étant échappées des lieux où on les tenait captives, ont aussi la possibilité de s'établir en permanence.

Considérer l'action volontaire de l'homme comme critère de distinction entre les espèces introduites et indigènes est sans doute commode; mais cela nous empêche trop souvent de nous rendre compte que cette intervention n'est qu'une des nombreuses activités de l'homme qui ont eu de tout temps des conséquences diverses sur l'évolution des autres êtres vivants. Disparitions, augmentations ou diminutions de population, colonisation de nouveaux territoires sont tous des phénomènes qui parfois résultent plus ou moins directement d'une activité humaine.

Les espèces acclimatées

Selon un ouvrage publié récemment (LONG, Introduced Birds of the World, Universe Books, New-York, 1981), près de 120 espèces d'oiseaux ont été introduites en Amérique du Nord et moins de la moitié ont réussi à s'acclimater. Six de ces espèces se reproduisent aujourd'hui au Québec.

Domestiqué depuis l'Antiquité, le Pigeon biset constitue pour ainsi dire l'un des traits de la civilisation occidentale. Les colons français ont amené le pigeon ici dès les débuts de l'occupation des rives du Saint-

André Cyr

La *Sittelle à poitrine blanche* se déplace souvent sur les troncs en descendant tête première.

Laurent; sa population fut et est encore renouvelée par les introductions réalisées par les aviculteurs et les éleveurs. La ville et la ferme constituent le domaine du pigeon dans les régions où il fut introduit; à l'origine, il nichait dans les falaises maritimes du sud de l'Eurasie et du nord de l'Afrique.

Originaire de l'Eurasie, on trouve aujourd'hui le Moineau domestique sur tous les continents. Entre 1850 et 1870, plusieurs centaines d'oiseaux ont été relâchés dans différentes villes du nord-est de l'Amérique du Nord, y compris la ville de Québec. Le simple désir d'immigrants européens de transplanter une espèce familière et l'espoir qu'elle détruise des insectes nuisibles sont les deux motifs les mieux connus de ces introductions. L'expansion du moineau fut foudroyante: au début du XXe siècle, il occupait le sud du Canada et tout le territoire des États-Unis, la ville et la ferme étant ses habitats privilégiés. Même si son aire ne s'est pas réduite, ses effectifs ont diminué depuis ce temps.

Les populations d'Étourneaux sansonnets, apparues ici pour la première fois en 1922, sont issues de la centaine d'oiseaux libérés à New-York en 1890 et 1891 par un groupe de personnes qui avaient résolu d'introduire en Amérique les oiseaux mentionnés dans l'œuvre de Shakespeare. D'autres introductions avaient échoué auparavant, notamment à New-York en 1872 et au Québec en 1875, 1889 et 1892. Comme le moineau, l'étourneau est originaire de l'Eurasie et il niche maintenant dans toute l'Amérique du Nord.

La Perdrix grise, un gallinacé européen qu'il ne faut pas confondre avec la Gélinotte huppée (communément appelée «perdrix» par les chasseurs), s'est établie à compter de 1940 dans la basse vallée de l'Outaouais et la section montréalaise de la plaine du Saint-Laurent. Cette population vient de l'Ontario et du New-York où de nombreuses introductions avaient été faites depuis le début du siècle.

À Montréal, une petite population de Faisans de chasse se reproduit sur le mont Royal depuis son introduction en 1940. Ces faisans vivent en fait comme en semi-captivité, principalement dans les habitats artificialisés que sont les cimetières du secteur, où d'ailleurs on les nourrissait en hiver jusqu'à tout récemment. Leurs effectifs ont atteint leur niveau le plus élevé vers 1970 et ils diminuent progressivement depuis cette époque. Plusieurs autres introductions ont échoué ailleurs dans la province. Les lâchers de faisans effectués par des associations de chasseurs expliquent les observations sporadiques rapportées dans toutes les régions.

Le Roselin familier, un oiseau originaire du sud-ouest des États-Unis et de l'ouest du Mexique, envahit le sud du Québec depuis quelques années. Cette population est issue des plusieurs centaines d'oiseaux libérés à New-York vers 1940 par des oiseliers qui en faisaient un commerce illégal (ils évitèrent ainsi des poursuites judiciaires imminentes). D'abord restreints à la région immédiate de la métropole américaine, les Roselins familiers devinrent rapidement plus nombreux à la fin des années 1960 et ils se répandirent dans toutes les directions au cours de la décennie suivante. On assiste en fait à une véritable explosion démographique. La première observation au Québec remonte à 1976 et les premiers nids ont été découverts en 1983 dans les régions de Montréal et de Sherbrooke. Tout porte à croire que cette expansion au Québec ne fait que commencer et que le Roselin familier deviendra bientôt un oiseau fort répandu ici. Il vit surtout dans les parcs et les secteurs résidentiels plantés de massifs ornementaux et d'arbres d'ombrage; c'est également un visiteur fréquent aux postes d'alimentation. Une étude récente réalisée dans le nord-est des États-Unis fournit les indices selon lesquels l'augmentation des effectifs du Roselin fami-

Le 3 juin 1844, on capturait le dernier *Grand Pingouin* au large de l'Islande.

lier est accompagnée d'une diminution de ceux du Moineau domestique.

Il convient d'ajouter que 24 Dindons sauvages ont été relâchés à Saint-Fabien de Panet en 1978 et que des couvées ont été observées au moins jusqu'en 1982 alors que quelques individus étaient encore vivants; par ailleurs, on a rapporté plusieurs observations de la Perdrix choukar dans la région de Montréal depuis 1980, y compris celle d'une couvée. Il est cependant difficile de croire que ces deux espèces pourront s'acclimater car le manque d'habitats convenables et les rigueurs du climat hivernal constituent des obstacles majeurs à leur établissement. Rappelons enfin les introductions infructueuses de Pies bavardes à Lévis en 1879 et de Cailles des blés à Québec et à Montréal de 1880 à 1882.

Les espèces d'origine captive

La documentation disponible fait mention d'au moins une trentaine d'espèces rencontrées en liberté au Québec et qui s'étaient certainement échappées des lieux où on les tenait captives. Un Cygne noir n'a pu venir ici de son continent d'origine (l'Australie) par ses propres moyens, pas plus d'ailleurs que le Canard mandarin et plusieurs autres espèces gardées souvent en volière (Tourterelle rieuse, Perruche ondulée, etc.).

Pourquoi faire mention de ces espèces? Simplement parce qu'une espèce en liberté, quelle que soit son origine, peut réussir à s'acclimater et devenir aussi familière que le moineau ou le pigeon. Si certains perroquets nichent dans la région de New-York (occasionnellement, il est vrai), qui peut prévoir le sort réservé aux diverses espèces gardées en captivité, et elles sont nombreuses, si l'occasion leur est donnée de s'acclimater?

LES ESPÈCES INDIGÈNES

La très grande majorité des espèces rencontrées au Québec appartiennent évidemment à l'avifaune vivant en Amérique du Nord. On y retrouve d'abord un fort contingent d'espèces endémiques au continent. Il y a également une centaine d'espèces qui ont des populations nicheuses en Amérique et aussi en Europe; ce sont principalement des oiseaux aquatiques (Canard pilet, Goéland argenté, etc.). Quelques espèces enfin, comme le Faucon pèlerin et le Balbuzard, nichent aussi dans plusieurs autres régions du globe.

Au moins une douzaine de ces espèces peuvent être soupçonnées d'avoir une origine captive, mais il est impossible d'en avoir la certitude. On pourrait croire que le Flamant rose abattu à l'île aux Grues en septembre 1972 s'était échappé d'un zoo, mais une tempête tropicale l'a peut-être fait s'égarer loin des Caraïbes où l'espèce niche.

Il y a lieu de compléter cette discussion en élaborant quelque peu sur le phénomène des espèces immigrées qui s'ajoutent d'elles-mêmes à l'avifaune indigène. Nous voulons enfin dire quelques mots sur les espèces qu'on rencontrait jadis au Québec et qui ont disparu à tout jamais.

Les espèces immigrées

La distribution des oiseaux dans le temps et l'espace n'est pas statique. La colonisation de nouveaux territoires par une espèce n'est pas un phénomène rare. Plusieurs oiseaux fort répandus aujourd'hui au Québec étaient absents de la province il y a cinquante ans. Parmi ceux qui sont venus s'établir ici, on trouve des oiseaux de l'ouest du continent; c'est le cas par exemple du Goéland à bec cerclé et du Canard chipeau. D'autres, comme le Moqueur polyglotte et la Tourterelle triste, sont venus de l'est des États-Unis.

Marc Hardy

Poussant des cris de chat en colère, la *Gélinotte huppée* défend ses poussins avec vigueur.

Marc Hardy

Les grandes forêts d'épinettes noires constituent le domaine privilégié par le *Tétras des savanes*.

L'établissement en Amérique d'espèces européennes et africaines est évidemment plus spectaculaire. Un cas célèbre est celui du Héron garde-bœufs. Ce héron africain s'est d'abord établi dans le nord de l'Amérique du Sud, vraisemblablement à la suite de l'arrivée de petits groupes d'oiseaux poussés au-dessus de l'Atlantique par des tempêtes. Ces hérons ont progressé vers le nord et envahi les États-Unis à compter de 1940. La première observation au Québec date de 1960 et on voit maintenant l'espèce à chaque année.

Par ailleurs, quelques espèces européennes sont signalées dans l'est de l'Amérique du Nord depuis plusieurs années. Tandis que la Mouette pygmée a niché à quelques reprises dans la région des Grands Lacs et, tout récemment, sur des rochers au pied des rapides de Lachine, la Mouette rieuse a été trouvée nicheuse à Terre-Neuve et aux îles de la Madeleine. Le Puffin des Anglais a niché sur la côte est des États-Unis et à Terre-Neuve et on l'observe régulièrement dans les eaux du golfe du Saint-Laurent. Pour leur part, le Canard siffleur d'Europe, le Bécasseau combattant et le Goéland brun n'ont pas encore été trouvés nicheurs en Amérique, mais on les observe régulièrement lors des périodes de migration.

Les espèces disparues

En Amérique du Nord, depuis l'arrivée des Européens, quatre espèces d'oiseaux indigènes ont disparu. Trois d'entre elles se rencontraient jadis au Québec; la quatrième, la Conure de Caroline, résidait dans le sud-est des États-Unis.

Bien qu'aucun nid n'ait jamais été trouvé, on croit que le Canard du Labrador nichait sur les côtes du Labrador, de Terre-Neuve ou de la Côte-Nord; un oiseau, probablement égaré, a été abattu à Laprairie au printemps 1862. Le dernier spécimen de l'espèce aurait été capturé en 1878.

Le Grand Pingouin, un oiseau aux ailes atrophiées et incapable de voler, nichait jadis sur les îles de l'Atlantique-Nord. Abattus sans merci par les pêcheurs et les chasseurs, ces oiseaux ne purent trouver un refuge qui aurait assuré la survie de l'espèce; le dernier individu fut capturé au large de l'Islande le 3 juin 1844. Plusieurs explorateurs, dont Jacques-Cartier, ont rapporté sa présence aux Rochers aux Oiseaux, au large des îles de la Madeleine, et ce jusqu'au début du dix-huitième siècle. Soulignons en passant qu'il est tout à fait erroné d'appeler pingouins les oiseaux de plusieurs espèces qui nichent dans l'Antarctique; ce sont en réalité des manchots. Le seul véritable pingouin de la Terre, le Petit Pingouin, un oiseau évidemment apparenté au Grand Pingouin mais capable de voler, niche sur les côtes ouest de l'Europe et sur les côtes est de l'Amérique du Nord, y compris plusieurs îles de l'estuaire du Saint-laurent.

La Tourte enfin, parfois connue sous le nom de Pigeon voyageur, était l'un des oiseaux les plus abondants de ce continent au début du siècle dernier; elle devint très rare avant la fin de ce siècle et le dernier représentant mourut en captivité, au zoo de Cincinnati en 1914. La Tourte se rencontrait régulièrement dans la vallée du Saint-Laurent, mais peu de données nous sont parvenues sur les sites exacts où elle nichait.

LES NICHEURS, LES MIGRATEURS, LES VISITEURS

Selon leur type de séjour, les oiseaux d'une région peuvent être répartis en groupes différents; nicheurs sédentaires, nicheurs résidants, nicheurs migrateurs, visiteurs d'hiver et visiteurs égarés. Cette répartition

Pierre Timmons

Strictement nocturne et toujours dissimulé dans le feuillage dense, le *Hibou moyen-duc* passe souvent inaperçu.

peut être réalisée pour n'importe quel territoire : son jardin, son quartier, son comté ou sa région. Évidemment, une espèce peut appartenir à un groupe différent selon le territoire considéré : la Grive à joues grises est un migrateur sur l'île de Montréal et un nicheur migrateur en Gaspésie.

Dans les paragraphes qui suivent, nous considérons l'avifaune du Québec méridional, c'est-à-dire la région située au sud du 52e degré de latitude, à l'exclusion des basses terres de la baie James. Dans ce territoire, sans tenir compte des espèces disparues et de celles d'origine captive mais non acclimatées, on peut observer environ 230 espèces nicheuses ; parmi les migrateurs, les visiteurs hivernants et les visiteurs égarés, il se trouve une trentaine d'espèces qui ne nichent que dans la moitié septentrionale du Québec.

Les nicheurs sédentaires

Les nicheurs sédentaires sont des oiseaux qui nichent et n'effectuent aucune véritable migration. À longueur d'année, ils demeurent dans le même territoire qui s'étend sur quelques kilomètres carrés tout au plus. Douze espèces forment ce groupe :

Perdrix grise	Chouette rayée
Faisan de chasse	Grand Pic
Tétras du Canada	Grand Corbeau
Gélinotte huppée	Sittelle à poitrine blanche
Pigeon biset	Cardinal rouge
Petit-duc maculé	Moineau domestique

On note que quatre des six espèces acclimatées sont des oiseaux sédentaires. Bien qu'il n'effectue pas de migration, un oiseau sédentaire peut étendre son aire de reproduction. C'est le cas par exemple du Cardinal rouge qui progresse lentement vers le nord. Après la saison de nidification, on assiste à une dispersion post-nuptiale des jeunes ; ils sont d'ailleurs souvent chassés par leurs parents du territoire où ils sont nés. Quand ils réussissent à s'établir sur des territoires inoccupés, ils contribuent ainsi à agrandir l'aire couverte par l'espèce.

Les nicheurs résidants

Les nicheurs résidants sont également des espèces nicheuses qu'on rencontre à longueur d'année. À la différence des nicheurs sédentaires, on note chez ces espèces des mouvements migratoires dont l'ampleur, en terme de nombres d'individus et de distances parcourues, peut fluctuer fortement d'un hiver à l'autre.

La plupart habitent nos grandes forêts de conifères. Quand elles peuvent trouver en hiver des ressources alimentaires suffisamment abondantes, elles ne se déplacent que très peu et il en résulte souvent une augmentation des effectifs nicheurs l'année suivante. Quand survient une pénurie de leurs ressources alimentaires, on voit alors ces oiseaux se répandre vers le sud, parfois en grand nombre. Il y a alors irruption, qui peut survenir à tout moment entre la fin de l'été et le début de l'hiver. Ces déplacements sont surtout entrepris par les jeunes et les femelles, les mâles ayant moins tendance à quitter les territoires de nidification. Chez certaines espèces, ces déplacements sont de véritables incursions cycliques, par exemple à tous les onze ans environ dans le cas de l'autour.

Il faut ranger également dans ce groupe les becs-croisés, espèces nomades qui ne se reproduisent pas nécessairement ni à la même saison ni dans la même région d'une année à l'autre. Voici la liste de ces espèces :

Autour des palombes   Geai bleu

On décèle souvent la *Bernache du Canada* à son cri.

Marc Hardy

Gélinotte à queue fine
Grand-duc d'Amérique
Chouette épervière
Nyctale boréale
Pic mineur
Pic chevelu
Pic tridactyle
Pic à dos noir
Geai du Canada

Mésange à tête noire
Mésange à tête brune
Sittelle à poitrine rousse
Dur-bec des pins
Bec-croisé rouge
Bec-croisé à ailes blanches
Chardonneret des pins
Gros-bec errant

Les nicheurs migrateurs

Comprenant près de 200 espèces, le groupe des nicheurs migrateurs représente les deux tiers des oiseaux présents à chaque année dans le Québec méridional. Ces oiseaux arrivent ici au printemps, nichent et quittent notre territoire à compter de la fin de l'été; ils vont passer l'hiver plus au sud, certains tout près aux États-Unis, d'autres aussi loin qu'en Argentine. Habituellement les oiseaux reviennent nicher au même endroit année après année; la plupart construisent un nouveau nid, mais certains peuvent utiliser le même. Des études récentes montrent aussi que les oiseaux retournent au même site d'hivernage d'une année à l'autre.

Bien entendu, ces espèces ne sont ni également abondantes ni également répandues sur le territoire. Pour quelques-unes, on ne connaît qu'un ou deux sites de nidification; d'autres au contraire sont abondantes dans une ou plusieurs régions.

Il faut préciser que des individus de certaines espèces hivernent ici, principalement dans le sud-ouest de la province. Il ne s'agit cependant que d'une infime proportion de la population nicheuse. Tandis qu'une vingtaine de ces espèces sont présentes à chaque hiver, des oiseaux de cinquante autres espèces hivernent occasionnellement, lorsque les conditions climatiques sont favorables.

Les migrateurs

Une quarantaine d'espèces sont rencontrées uniquement au cours de leurs migrations annuelles qui les conduisent des régions où elles nichent vers celles où elles passent l'hiver. Tous ces oiseaux, sauf deux, sont des oiseaux aquatiques.

Parmi ces migrateurs, le groupe le plus important est constitué par vingt espèces de limicoles, ou oiseaux de rivage (pluviers, chevaliers, courlis, bécasseaux, barge et tournepierre). Nichant dans la toundra et la forêt rabougrie du Grand Nord, ils vont hiverner sur les rivages des Antilles, de l'Amérique centrale et de l'Amérique du Sud. On les voit ici en très grands nombres à la fin de l'été, principalement sur les rives du Saint-Laurent. L'un de ces oiseaux, le Courlis esquimau, n'a pas été aperçu au Québec depuis le début du siècle. Très abondante au XIXe siècle, cette espèce est en voie de disparition ; la population totale ne compte peut-être guère plus d'une vingtaine d'individus. Ces courlis nichent dans la vallée du fleuve MacKenzie et vont hiverner en Argentine. Aux États-Unis, aucune observation tout à fait indubitable n'a été rapportée depuis le début des années 1960.

Une douzaine d'anatidés sont migrateurs dans le Québec méridional. On songe immédiatement aux grandes troupes d'Oies des neiges qui s'arrêtent dans la région du cap Tourmente et de Montmagny ; en leur compagnie, on peut observer l'Oie rieuse et l'Oie de Ross. Et tandis que la Bernache cravant, l'Eider à tête grise et nos trois macreuses séjournent principalement dans les eaux de l'estuaire, le Cygne siffleur et le Morillon à dos blanc passent dans l'ouest de la province.

Les eaux du golfe du Saint-Laurent sont le théâtre de la migration de diverses espèces pélagiques. Ce sont des oiseaux qui vivent presque continuellement en mer, ne venant à terre que pour nicher. Le Puffin majeur, le Puffin fuligineux et le Pétrel océanite

Marc Hardy

Après la nidification, le *Vacher à tête brune* fréquente les terres agricoles.

nichent dans les îles de l'Atlantique-Sud et passent l'hiver austral (notre été) sous nos latitudes. D'autres nichent dans l'hémisphère nord; ce sont le Fulmar boréal, le Puffin des Anglais, la Mouette de Sabine, le Mergule nain, trois espèces de labbes et deux phalaropes.

Un cas vraiment unique est celui du Traquet motteux. Cet oiseau apparenté aux merles niche dans les régions bordant la baie d'Ungava et va hiverner en Afrique du Nord. Toutefois, quelques individus apparaissent chaque année sur la côte américaine, surtout à l'automne; au Québec, on les voit habituellement sur les rives de l'estuaire du Saint-Laurent. L'autre passereau du groupe des migrateurs est le Bruant lapon; il niche dans l'Arctique et hiverne aux États-Unis.

Les visiteurs hivernants

Seize espèces ne séjournent dans le Québec méridional qu'en hiver. Ce sont les visiteurs hivernants:

Canard kakawi	Harfang des neiges
Garrot de Barrow	Chouette lapone
Faucon gerfaut	Jaseur boréal
Lagopède des saules	Pie-grièche grise
Lagopède des rochers	Bruant hudsonien
Goéland arctique	Bruant des neiges
Goéland bourgmestre	Sizerin flammé
Mouette blanche	Sizerin blanchâtre

Le garrot, le kakawi, les goélands et la mouette fréquente surtout les eaux de l'estuaire du Saint-Laurent; le gerfaut est surtout observé près des rives du fleuve car il donne la chasse aux canards, de même qu'aux pigeons qui résident dans les ports.

Les autres espèces sont présentes dans toutes les régions, sauf les lagopèdes dont la migration vers le sud s'arrête en Abitibi, dans le nord du Lac-Saint-Jean et sur la Côte-Nord. D'une année à l'autre, leurs effectifs hivernants peuvent varier considérablement car plusieurs ont un cycle d'abondance propre: 10-11 ans chez les lagopèdes, 4-5 ans chez le harfang et la pie-grièche, 2 ans chez les sizerins; et tandis que le jaseur et les bruants sont bien répandus, la Chouette lapone, qui niche surtout à l'ouest du Québec, n'envahit la province qu'à intervalles irréguliers.

Les visiteurs égarés

Une centaine d'espèces constitue ce groupe. Elles ont erré relativement loin des régions où elles séjournent habituellement et n'ont été observées ici que très rarement. On voit surtout ces oiseaux au printemps et à l'automne, périodes qui correspondent à leurs migrations et à leur dispersion post-nuptiale. Parmi les cas les plus remarquables, on peut citer l'Albatros à nez jaune, un oiseau des mers australes tué à l'embouchure de la rivière Moisie en 1885, ou encore le Tyran à queue fourchue, un oiseau de l'Amérique du Sud observé à l'île Bonaventure en 1982. La Paruline de Kirtland observée dans la vallée de la rivière Gatineau en 1978 appartient à une espèce dont la population totale, généralement restreinte au Michigan en été, ne dépasse guère plus de 500 individus.

En fait, les oiseaux égarés au Québec originent principalement de trois régions différentes. Plus de quarante viennent du sud-est des États-Unis, plus de trente de l'ouest de l'Amérique du Nord et une quinzaine de l'Europe.

Il ne faut pas se surprendre outre mesure de ces présences exceptionnelles. En étudiant la distribution des espèces migratrices, on s'aperçoit que ces cas d'erratisme sont le lot de la très grande majorité. En un sens, ce phénomène est normal et dans certains cas il marque un prélude à l'extension de l'aire de reproduction de l'espèce, comme nous le démontre l'historique de l'établissement de plusieurs oiseaux au Québec.

Marc Hardy

Le jeune *Pic maculé* a un plumage fort différent de celui de l'adulte.

10.
LE CALENDRIER
ORNITHOLOGIQUE

Les oiseaux du Québec sont suffisamment abondants et variés que toute période de l'année offre des occasions propices à l'observation de divers phénomènes et comportements chez nos populations d'oiseaux.

À pied, en canot ou en raquettes, l'observation des oiseaux peut se faire en toute saison. Le débutant aura plus de facilité à s'initier à la découverte des oiseaux en hiver. Le nombre restreint d'espèces à cette époque rendra leur identification moins problématique. Par la suite, il pourra se familiariser progressivement avec les espèces migratrices à mesure que le printemps les ramènera. Tout au long de l'année, les oiseaux sont plus actifs dans les heures qui suivent le lever du soleil et celles qui précèdent son coucher. À ces moments de la journée, ils chantent sans arrêt durant la saison de reproduction. Ce sont donc les périodes les plus propices pour découvrir les oiseaux forestiers.

JANVIER, FÉVRIER

En un sens les deux premiers mois de l'année constituent l'hiver ornithologique. Déjà la très grande majorité des migrateurs ont quitté le Québec; quelques-

149

uns s'attardent occasionnellement jusqu'en janvier, mais les sévérités du climat les obligeront bientôt à partir (ou à périr sur place). Ceux qui tenteront d'hiverner ne pourront mériter le titre d'oiseau véritablement hivernant que s'ils survivent jusqu'au mois de mars alors que le réchauffement des températures pourra leur procurer des conditions de vie moins menaçantes.

Plus de 150 espèces ont déjà réussi à hiverner ici ou ont déjà été signalées en janvier et en février. Dans ce dernier cas, il faut parler de mentions hivernales (et non d'hivernage proprement dit), car il est souvent impossible de dire si ces oiseaux tentaient d'hiverner et ont véritablement survécu ou s'ils effectuaient prématurément leur migration printanière.

Les oiseaux aquatiques

Le fleuve Saint-Laurent, dont plusieurs sections demeurent libres de glace, est largement responsable de la présence d'oiseaux aquatiques en hiver. Il va sans dire que toute portion dégagée d'un cours d'eau moins important peut constituer un point de rassemblement, même dans les régions nordiques comme l'Abitibi et les Laurentides. Les sites accessibles le long du Saint-Laurent, où l'on rencontre les plus grandes concentrations d'oiseaux, sont les rapides de Lachine et divers sites de la rive nord de l'estuaire, principalement aux embouchures de rivières. Certaines sections des côtes de la Gaspésie sont également favorables au séjour des oiseaux aquatiques.

Parmi les espèces qui hivernent régulièrement, certaines se rencontrent principalement ou uniquement dans l'estuaire et le golfe du Saint-Laurent; leur nom est marqué d'un astérisque:

* Grand Cormoran	Grand Bec-scie
Canard noir	Bec-scie à poitrine rousse

André Beaulieu

L'agilité est un des charmes de la *Mésange à tête noire,* un oiseau volubile et sociable.

Canard colvert
Canard pilet
* Eider à duvet
* Canard kakawi
Garrot à œil d'or
* Garrot de Barrow

Goéland argenté
* Goéland arctique
* Goéland bourgmestre
Goéland à manteau noir
* Mouette blanche
* Guillemot à miroir

Les espèces suivantes n'ont hiverné ici qu'à quelques reprises, habituellement lors d'hivers plutôt cléments; dans ce groupe, l'Eider à tête grise et le Bécasseau violet ne sont guère susceptibles d'hiverner ailleurs que dans l'estuaire du Saint-Laurent.

Huart à collier
Cygne siffleur
Bernache du Canada
Canard branchu
Sarcelle à ailes vertes
Canard chipeau
Morillon à dos blanc
Morillon à tête rouge

Grand Morillon
Eider à tête grise
Canard arlequin
Petit Garrot
Bec-scie couronné
Bécasseau violet
Goéland à bec cerclé

Pour les espèces suivantes enfin, on ne connaît que quelques rares mentions de présence en janvier et février. Le mergule, les marmettes et la macareux hivernent en mer, surtout au large de Terre-Neuve. On les voit parfois sur les rives du Saint-Laurent, habituellement après de fortes tempêtes. La présence des autres espèces a été liée à des périodes de temps très doux :

Huart à gorge rousse
Grèbe à bec bigarré
Grèbe jougris
Fou de Bassan
Canard siffleur d'Amérique
Marmette de Troïl
Marmette de Brünnich

Petit Morillon
Macreuse à bec jaune
Macreuse à front blanc
Macreuse à ailes blanches
Mergule nain
Macareux moine

Les oiseaux terrestres

On peut distinguer quatre groupes différents chez les oiseaux terrestres qui hivernent ici.

Le premier est naturellement constitué des nicheurs sédentaires, des nicheurs résidants et des visiteurs hivernants d'apparition régulière:

Autour des palombes
Faucon gerfaut
Perdrix grise
Faisan de chasse
Tétras du Canada
Lagopède des saules
Lagopède des rochers
Gélinotte huppée
Gélinotte à queue fine
Goéland arctique
Goéland bourgmestre
Mouette blanche
Pigeon biset
Petit-duc maculé
Grand-duc d'Amérique
Harfang des neiges
Chouette épervière
Chouette rayée
Chouette lapone
Nyctale boréale
Pic mineur
Pic chevelu
Pic tridactyle

Pic à dos noir
Grand Pic
Geai du Canada
Geai bleu
Grand Corbeau
Mésange à tête noire
Mésange à tête brune
Sittelle à poitrine rousse
Sittelle à poitrine blanche
Jaseur boréal
Pie-grièche grise
Cardinal rouge
Bruant hudsonien
Bruant des neiges
Dur-bec des pins
Bec-croisé rouge
Bec-croisé à ailes blanches
Sizerin flammé
Sizerin blanchâtre
Chardonneret des pins
Gros-bec errant
Moineau domestique

Le groupe suivant rassemble les nicheurs migrateurs dont une petite fraction de la population hiverne chaque année. Les premiers migrateurs printaniers de deux de ces espèces, l'alouette et la corneille, commencent déjà à envahir le sud de la province dès la mi-février.

Pygargue à tête blanche
Buse pattue
Aigle royal
Crécerelle d'Amérique
Faucon pèlerin
Tourterelle triste
Petite Nyctale
Alouette cornue
Corneille d'Amérique
Grimpereau brun

Roitelet à couronne dorée
Merle d'Amérique
Étourneau sansonnet
Bruant chanteur
Bruant à gorge blanche
Junco ardoisé
Quiscale bronzé
Vacher à tête brune
Chardonneret jaune

Les espèces du groupe suivant sont également des nicheurs migrateurs. Toutefois, selon la documentation actuellement disponible, il ne semble pas que ces oiseaux soient présents à chaque hiver. Des conditions climatiques très favorables et la disponibilité de ressources alimentaires expliquent souvent la présence de ces oiseaux. Le martin-pêcheur a besoin de portions de cours d'eau non gelés. Le busard, les buses et les hiboux doivent compter sur une faible couverture de neige pour la capture des petits rongeurs dont ils se nourrissent.

Busard Saint-Martin
Épervier brun
Buse à épaulettes
Buse à queue rousse
Faucon émerillon
Hibou moyen-duc
Hibou des marais
Martin-pêcheur d'Amérique
Pic flamboyant

Troglodyte de Caroline
Moqueur polyglotte
Jaseur des cèdres
Paruline à croupion jaune
Tohi à flancs roux
Carouge à épaulettes
Quiscale rouilleux
Roselin pourpré
Roselin familier

Le quatrième groupe enfin rassemble les espèces qui n'ont été vues en hiver que de façon exceptionnelle.

Gaétan Duquette

Le nid de la *Bécasse d'Amérique,* à même le sol, est difficile à déceler. Ses œufs, tachetés, sont au nombre de quatre ou cinq.

Gilles Ouellet

Même s'il fréquente peu les régions peuplées, le *Geai du Canada* est peu farouche et il est immanquablement attiré par le feu du campeur.

Pour certaines on ne connaît que quelque rares mentions de présence alors que les autres n'ont hiverné qu'une ou deux fois. Presque toutes ont été observées uniquement dans les Basses-Terres du Saint-Laurent.

Urubu à tête rouge
Épervier de Cooper
Pluvier kildir
Bécassine des marais
Pic à tête rouge
Pic à ventre roux
Pic maculé
Moucherolle phébi
Mésange bicolore
Troglodyte des forêts
Roitelet à couronne rubis
Solitaire de Townsend
Grive solitaire
Grive litorne
Grive à collier

Moqueur roux
Paruline des pins
Cardinal à poitrine rose
Bruant familier
Bruant des champs
Bruant des prés
Bruant fauve
Bruant de Lincoln
Bruant des marais
Bruant à couronne blanche
Bruant lapon
Sturnelle des prés
Carouge à tête jaune
Oriole du Nord

Presque toutes les espèces des derniers groupes et plusieurs du premier, en particulier le Cardinal rouge, sont rencontrées très souvent à des postes d'alimentation. La nourriture inépuisable que les oiseaux y trouvent leur assure les énergies sans lesquelles ils ne pourraient survivre jusqu'à la fin de l'hiver. Intensifiée depuis le milieu du siècle, la coutume qu'ont prise les gens d'installer des postes d'alimentation en hiver a fortement contribué à étendre vers le nord la distribution hivernale de plusieurs espèces nord-américaines, et même l'aire de nidification de certaines. L'expansion du Cardinal rouge en est l'exemple le plus patent. Originellement, son aire de reproduction ne s'étendait guère plus au nord que Toronto et New-York; à compter des années 1940, l'espèce s'est répandue vers le nord et l'est, et elle est aujourd'hui bien établie dans les régions de Hull, Montréal et Sherbrooke. Le jour n'est peut-être pas loin où elle s'établira dans la région de Québec, où elle est signalée à chaque hiver depuis 1975.

Les autres espèces fréquentent évidemment leurs milieux naturels; si celles des milieux forestiers sont habituellement répandues uniformément, celles des milieux semi-ouverts ont souvent tendance à se concentrer sur des sites d'hivernage particulièrement favorables. Ainsi les pentes buissonneuses exposées au sud offrent l'avantage d'un ensoleillement plus prononcé; les abords des ruisseaux et sources qui ne gèlent pas complètement sont également des points de rassemblement privilégiés.

MARS

En mars on assiste à l'arrivée de l'avant-garde des espèces dont le sommet de la migration se produira au cours du mois suivant. Arrivent d'abord diverses espèces de canards qui se rassemblent sur le Saint-Laurent et ses affluents, aux points où le dégel permet leur séjour. Dans les zones agricoles, les attroupements d'oiseaux noirs (étourneaux, carouges, quiscales et vachers) deviennent de plus en plus fréquents vers la fin du mois. Mars est également l'époque à laquelle diverses espèces de hiboux et de chouettes commencent à nicher. Leurs hululements sinistres, retentissant dans les forêts, témoignent de leur présence souvent insoupçonnée.

Diverses espèces arrivent également à cette période comme le montre le tableau suivant; les indications qui y sont données sont surtout valables pour le Sud de la province, c'est-à-dire les régions situées au sud de la latitude de la ville de Trois-Rivières; c'est avec un

Yves Aubry

Le *Guillemot à miroir* est ainsi nommé à cause de sa tache blanche sur l'aile.

certain retard qu'elles arriveront plus au nord : de 5 à 10 jours dans la région de Québec, de 10 à 15 jours au moins pour les autres régions. Dans ce tableau, comme dans ceux d'avril et mai, les dates indiquées correspondent à la période moyenne d'arrivée des premiers migrateurs.

6-10 mars : Étourneau sansonnet, Carouge à épaulettes ;

11-15 mars : Canard noir, Garrot à œil d'or, Grand Bec-scie, Crécerelle d'Amérique, Goéland argenté, Quiscale bronzé ;

16-20 mars : Bernache du Canada, Canard colvert, Morillon à dos blanc, Pluvier kildir, Goéland à manteau noir, Goéland à bec cerclé, Tourterelle triste, Petite Nyctale ;

21-25 mars : Oie des neiges, Buse à épaulettes, Buse pattue, Hibou des marais ;

26-31 mars : Grand Héron, Canard pilet, Grand Morillon, Buse à queue rousse, Faucon pèlerin, Bécasse d'Amérique, Quiscale rouilleux, Junco ardoisé.

AVRIL

Ce mois est d'abord et avant tout celui des espèces aquatiques. Partout sur le Saint-Laurent, les canards et espèces apparentées offrent le spectacle saisissant de leurs grands rassemblements : les canards barbotteurs sur les rives inondées du lac Saint-Pierre, l'Oie des neiges dans la région de Québec et sur la rive sud jusqu'à Rivière-du-Loup, l'Eider à duvet sur les rives de l'estuaire ; la Bernache du Canada et les huarts (plongeons), grèbes, hérons, cormorans, morillons, macreuses, becs-scie (harles) et goélands sont omniprésents de Hull à Percé. Ces attroupements pourront être observés jusque tard en mai.

Avril est également la période de l'année où les oiseaux de proie diurnes (éperviers, buses, aigles et faucons) passent le moins inaperçus. Le tableau des arrivées d'avril montre aussi que plusieurs passereaux terrestres apparaissent à cette époque, surtout des oiseaux de terrain ouvert.

1-5 avril : Grèbe à bec bigarré, Cormoran à aigrettes, Sarcelle à ailes vertes, Canard siffleur d'Amérique, Morillon à tête rouge, Morillon à collier, Petit Garrot, Bec-Scie couronné, Petite Buse, Pic flamboyant, Hirondelle bicolore, Troglodyte des forêts, Merle-bleu de l'Est, Roitelet à couronne dorée, Pie-grièche migratrice ;

6-10 avril : Bernache cravant, Canard branchu, Petit Morillon, Macreuse à front blanc, Macreuse à bec jaune, Épervier brun, Faucon émerillon, Bécassine des marais, Hibou moyen-duc, Martin-pêcheur d'Amérique, Pipit spioncelle, Bruant des prés, Bruant fauve ;

11-15 avril : Bihoreau à couronne noire, Sarcelle à ailes bleues, Canard souchet, Bec-scie à poitrine rousse, Balbuzard, Pic maculé, Grimpereau brun, Roitelet à couronne rubis, Bruant vespéral ;

16-20 avril : Huart à collier, Grèbe cornu, Butor d'Amérique, Canard chipeau, Grand Chevalier, Hirondelle des granges, Hirondelle noire, Grive solitaire, Bruant familier, Bruant des champs, Bruant à gorge blanche, Bruant des marais ;

Gaétan Duquette

La *Mouette blanche* ne craint pas le froid et hiverne sur les banquises.

Pierre Timmons

Le plumage d'hiver du *Lagopède des saules* le camoufle parfaitement sur la neige.

21-25 avril: Grèbe jougris, Épervier de Cooper, Petit Chevalier, Mouette de Bonaparte, Moqueur polyglotte, Paruline à croupion jaune, Roselin pourpré, Bruant de Lincoln; de Lincoln;

26-30 avril: Macreuse à ailes blanches, Râle de Caroline, Poule-d'eau, Foulque d'Amérique, Chevalier branle-queue, Bécasseau à poitrine cendrée, Sterne pierregarin, Hirondelle de rivage, Hirondelle à ailes hérissées, Hirondelle à front blanc, Troglodyte familier, Moqueur roux, Paruline à couronne rousse, Chardonneret jaune, Tohi à flancs roux, Bruant à couronne blanche.

MAI

Ce mois marque l'arrivée de la plupart des passereaux dont le passage s'étendra jusqu'aux premières semaines de juin dans les régions comme l'Abitibi, le Saguenay-Lac Saint-Jean, la Côte-Nord et la Gaspésie. Jour après jour de nouveaux chants retentissent dans tous les sites favorables. Certains matins, à l'occasion de conditions météorologiques particulièrement heureuses, on pourra facilement observer une cinquantaine de ces espèces dans des bois plus stratégiquement situés.

La courte période qui s'étend du 20 mai au 10 juin sera particulièrement favorable à l'observation des oiseaux de rivage qui traversent la province. Leur nombre peut varier sensiblement d'une année à l'autre, dépendant des conditions météorologiques susceptibles de les forcer à interrompre quelque temps leur vol migratoire vers la toundra arctique.

Le tableau des arrivées en mai se lit comme suit:

1-5 mai: Héron vert, Râle de Virginie, Maubèche des

champs, Engoulevent bois-pourri, Martinet ramoneur, Tyran huppé, Grive fauve, Viréo à tête bleue, Viréo mélodieux, Paruline noir et blanc, Paruline à joues grises, Paruline jaune, Paruline des pins, Paruline des ruisseaux, Oriole du Nord;

6-10 mai: Pluvier semipalmé, Chevalier solitaire, Phalarope de Wilson, Guifette noire, Tyran tritri, Moucherolle tchébec, Moqueur chat, Grive des bois, Grive à dos olive, Gobemoucherons gris-bleu, Viréo à gorge jaune, Paruline obscure, Paruline à collier, Paruline tigrée, Paruline bleue à gorge noire, Paruline verte à gorge noire, Paruline à gorge orangée, Paruline à flancs marron, Paruline couronnée, Paruline masquée, Paruline flamboyante, Goglu, Cardinal à poitrine rose;

11-15 mai: Huart à gorge rousse, Petit Butor, Bécasseau minuscule, Engoulevent d'Amérique, Colibri à gorge rubis, Pioui de l'Est, Troglodyte des marais, Troglodyte à bec court, Grive à joues grises, Viréo aux yeux rouges, Paruline à tête cendrée, Paruline à poitrine baie, Paruline à calotte noire, Tangara écarlate, Bruant sauterelle;

16-20 mai: Pluvier argenté, Bécasseau roux, Bécasseau semi-palmé, Bécasseau variable, Moucherolle à ventre jaune, Moucherelle des aulnes, Moucherolle à côtés olive, Viréo de Philadelphie, Paruline verdâtre, Paruline rayée, Paruline triste, Paruline du Canada, Passerin indigo;

21-25 mai: Tournepierre à collier, Bécasseau à croupion blanc, Bécasseau violet, Coulicou à bec noir;

26-31 mai : Pluvier doré d'Amérique, Phalarope hyperboréen, Bécasseau maubèche, Bécasseau sanderling, Bruant à queue aiguë.

JUIN, JUILLET

Ces deux mois sont ceux de la saison de la reproduction pour la très grande majorité des oiseaux. En couples isolés ou réunis en colonies, ils s'affairent aux activités de la nidification. La construction du nid, la ponte et l'incubation des œufs et l'élevage des jeunes les retiennent dans un territoire dont les dimensions varient de quelques centaines de mètres carrés pour plusieurs passereaux à des dizaines de kilomètres carrés pour certains oiseaux comme l'Aigle royal. À cause de l'attachement des oiseaux à leur territoire, les observateurs pourront découvrir certaines espèces plus facilement qu'en périodes migratoires, en les cherchant dans les régions où elles sont susceptibles de nicher.

AOÛT, SEPTEMBRE

À cette époque de l'année la grande majorité des oiseaux migrateurs entreprennent déjà les déplacements qui les conduiront dans les régions où ils passeront l'hiver. Les «mariages» d'hirondelles en sont les manifestations les mieux connues. Ces rassemblements post-reproductifs (ou pré-migratoires) ne sont pas seulement le lot des hirondelles. En effet, les oiseaux d'un grand nombre d'espèces deviennent très visiblement grégaires à cette époque ; citons en particulier les canards barboteurs, les Engoulevents d'Amérique,

---

Le *Petit-duc maculé* se dissimule souvent dans une cavité durant le jour ; celui-ci a été photographié en décembre sur le mont Royal.

Pierre Pesant

les corneilles, etc. Par ailleurs, les moucherolles, les grives, les viréos, les parulines et les bruants se déplacent en petits groupes composés d'individus de plusieurs espèces. Dans les régions agricoles, on voit se répandre les bandes d'oiseaux noirs (étourneaux, quiscales, carouge et vachers) qui peuvent compter plusieurs milliers d'individus. Ils passeront la nuit dans un jeune bois ou un massif de plantes aquatiques; ces «dortoirs» peuvent être fréquentés par des centaines de milliers d'oiseaux qui les quittent chaque matin en se divisant en bandes pour aller s'alimenter dans les environs. Ils auront quitté la province avant la fin d'octobre.

Observée surtout sur les rives du Saint-Laurent, la migration des oiseaux de rivage (plus de 20 espèces) cache des phénomènes très particuliers. Nichant principalement dans les régions arctiques du Canada, ces oiseaux se déplacent souvent vers les régions nord-est du continent, les adultes précédant les jeunes de deux à trois semaines. Ils se concentrent alors en bandes nombreuses sur les rivages où ils s'alimentent abondamment d'invertébrés aquatiques. Les graisses qu'ils accumulent ainsi leur fourniront l'énergie nécessaire pour effectuer ensuite un vol sans escale au-dessus de l'Atlantique vers les Caraïbes et le nord de l'Amérique du Sud. Au cours de la migration printanière, ils seront signalés en moins grande abondance car ils empruntent une route située surtout vers le centre du continent.

OCTOBRE, NOVEMBRE ET DÉCEMBRE

Cette période en est une de transition, entre les importants passages migratoires du début de l'automne et la prise de possession d'un territoire par les oiseaux hivernants; elle est marquée progressivement par le départ des derniers migrateurs et par l'arrivée des oiseaux venant hiverner ici.

Dans le cortège des espèces qui n'hivernent pas et qui, l'une après l'autre, sont signalées une dernière fois avant la fin de cette période, les passereaux terrestres sont peu nombreux, étant presque tous déjà partis dès le début de novembre. Chez les oiseaux aquatiques toutefois on assistera, comme au printemps, à des rassemblements souvent imposants où les huarts grèbes, bernaches, morillons et macreuses seront en évidence. De la mi-octobre à la mi-novembre, l'Oie des neiges est à nouveau fidèle au rendez-vous qu'elle se fixe annuellement dans la région du cap Tourmente à l'est de Québec. Cette période est enfin la plus propice à l'observation des goélands, qui forment des troupes abondantes tout le long du Saint-Laurent. C'est à compter du début novembre que viendront s'établir les espèces hivernantes.

11.
OÙ OBSERVER
LES OISEAUX DU QUÉBEC

Un territoire grand comme le Québec ne peut faire autrement que de présenter une avifaune assez diversifiée. Ce chapitre montre un aperçu des meilleurs sites d'observation que l'on pourra visiter dans les différentes régions du sud de la province. Celles-ci correspondent à de grands ensembles naturels : la plaine du haut Saint-Laurent (BASSES-TERRES), la région montagneuse des APPALACHES, les marais salés de la rive sud de l'estuaire (BAS-SAINT-LAURENT), la péninsule de la GASPÉSIE, les ÎLES-DE-LA-MADELEINE, l'île ANTICOSTI, la côte rocheuse de la rive nord de l'estuaire et du golfe (CÔTE-NORD), la dépression naturelle entourant le lac Saint-Jean et le haut Saguenay (LAC-SAINT-JEAN), la grande forêt boréale des LAURENTIDES, et enfin les terres basses de l'ABITIBI-TÉMISCAMINGUE.

Il est à souhaiter que l'ornithologue qui voudra visiter l'une de ces régions prenne connaissance des oiseaux qui s'y rencontrent ; le tableau en annexe du présent chapitre présente l'état des espèces régulières dans ces dix régions. Comme on s'en doute facilement, des associations végétales et des paysages différents abritent des populations d'oiseaux différentes ; se familiariser, même sommairement, avec les habitats que fréquentent les oiseaux permettra d'allonger la liste de ses observations. En reliant ces notions à celles présentées dans la section «Calendrier ornithologique», on tirera le plus grand profit d'un séjour dans l'une ou l'autre des régions du Québec.

LES HABITATS

La découverte des liens qui relient les oiseaux à leur environnement constitue l'un des aspects les plus fascinants et les plus instructifs de l'observation ornithologique. Si les oiseaux sont considérés comme des êtres mobiles par excellence, les besoins propres à chacun les retiennent dans un environnement particulier : ceux adaptés aux terrains ouverts ne se rencontrent pas au cœur des forêts et les oiseaux aquatiques s'éloignent rarement de leur élément. Quelques observations sur le terrain suffisent pour cerner cette réalité : l'habitat.

Brièvement défini, l'habitat est le milieu ambiant où vit et se reproduit une espèce. Pour décrire l'habitat d'un oiseau on fait généralement appel à des caractéristiques de la végétation car l'espacement et l'étagement des végétaux déterminent la nature du milieu auquel les oiseaux se sont adaptés. Les herbes de hauteur et densité moyennes constituent l'habitat du Bruant des prés qui peut être retrouvé dans les pâturages, les pelouses mal entretenues des aéroports ou les dunes herbeuses. Par contre le Troglodyte des marais fréquente exclusivement les massifs de quenouilles.

Ces descriptions très simplifiées cachent toujours l'influence d'un très grand nombre de facteurs. Ainsi, le Petit-duc maculé niche dans les érablières de la région de Montréal et pourtant il est inconnu dans les mêmes milieux dans la région de Québec; l'influence

OÙ OBSERVER LES OISEAUX DU QUÉBEC

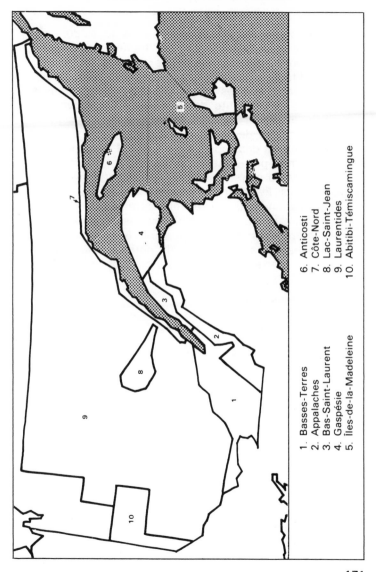

1. Basses-Terres
2. Appalaches
3. Bas-Saint-Laurent
4. Gaspésie
5. Îles-de-la-Madeleine
6. Anticosti
7. Côte-Nord
8. Lac-Saint-Jean
9. Laurentides
10. Abitibi-Témiscamingue

de divers facteurs climatiques est sans doute déterminante. Par ailleurs, on ne peut pas toujours faire seulement appel à des caractéristiques de la végétation pour décrire l'habitat de certains oiseaux. On songe par exemple aux Alcidés qui nichent sur des falaises rocheuses à proximité de la mer où ils trouvent la nourriture qui leur convient. Même nos villes, désignées sous le vocable de canyon urbain par certains écologistes, abritent des espèces qui s'y sont adaptées.

Il n'entre pas dans le cadre de cet ouvrage de présenter une classification de nos oiseaux selon leur habitat; les livres traitant de la distribution et de l'identification indiquent souvent les milieux fréquentés par chaque espèce. En comparant ces connaissances avec ses propres observations sur le terrain, l'ornithologue amateur aura vite fait de noter la diversité de l'avifaune dans les différents paysages du sud du Québec:

— les rivages marins;
— les marais (en eau douce et en eau salée);
— les champs (cultivés, incultes);
— les tourbières;
— les forêts décidues (érable, hêtre, peuplier, etc.);
— les forêts mixtes;
— les forêts conifériennes (pin, sapin, épinette, pruche, thuya, mélèze).

PRINCIPAUX SITES D'OBSERVATION

Les endroits énumérés dans les pages qui suivent ne doivent surtout pas être considérés comme étant nécessairement les meilleurs, encore moins les seuls, où les oiseaux sont nombreux et faciles à observer. Il ne s'agit en fait que d'une liste des lieux les mieux connus et les plus faciles d'accès, ainsi que ceux où l'on retrouve des espèces à distribution restreinte. L'emphase a été mise sur les oiseaux aquatiques puisque les passereaux sont beaucoup plus uniformément répartis.

Un véritable ornithologue amateur a tôt fait de trouver près de chez lui des endroits dignes d'intérêt. L'expérience enseigne vite à reconnaître les habitats les plus riches ou les points d'eau fréquentés par les oiseaux aquatiques. Certains secteurs déserts durant une saison peuvent s'animer à un autre moment de l'année. Il n'est donc pas possible d'indiquer ici des secteurs intéressants à proximité de toutes les localités, et certains des endroits énumérés ici ne vaudront pas la peine d'être visités à moins que l'on ne soit déjà dans les environs.

Souvenons-nous que les changements constants occasionnés aux habitats, par des causes tant naturelles qu'artificielles, ont une influence marquante sur la présence des oiseaux. Une marée basse, une crue tardive, un marais asséché, un sous-bois «nettoyé» sont autant de facteurs qui peuvent changer du tout au tout la composition de l'avifaune; il faut garder ceci à l'esprit pour bien interpréter les pages qui suivent.

1 — BASSES-TERRES DU SAINT-LAURENT

Coincée entre les Laurentides et les Appalaches, la plaine du Saint-Laurent est largement agricole et urbanisée. Champs en culture, érablières, pâturages et boisés en regain livrent une image bien familière de cette région. Mais l'uniformité de ce paysage n'est qu'apparente. Le nombre d'habitats est encore assez impressionnant, et ceux-ci constituent autant de sites dont la richesse est trop souvent insoupçonnée: les grands îlots forestiers qui couvrent les flancs des montérégiennes, les étangs bordés de quenouilles, les vieilles friches, les jeunes plantations, les gazonnières, les tourbières de Mirabel, Lanoraie et Daveluyville, les massifs conifériens (pinèdes et prucheraies principalement). Et si on ajoute à cela les îles et les rives maréca-geuses du Saint-Laurent et de ses affluents, ainsi que les eaux propices aux rassemblements de canards, on réalisera vite que cette région a beaucoup à offrir à l'ornithologue. D'ailleurs presque tous les oiseaux du Québec, plus de 360 en fait, y ont été observés. Si une plus grande concentration d'observateurs explique jusqu'à un certain point ce nombre plus élevé que dans les autres régions (250 espèces en moyenne), il faut dire qu'ils exploitent les atouts de la région. Ce sont une situation méridionale qui privilégie plus d'une vingtaine de nicheurs qu'on ne trouve pas ailleurs, un climat plus doux en hiver que recherchent plusieurs espèces, et enfin les voies de migration remarquables que sont l'Outaouais, le Richelieu et le Saint-Laurent.

1A — Outaouais

L'Outaouais n'est pas un affluent du Saint-Laurent comme les autres; il suit la limite sud du massif lauren-tien (et du Québec) sur une très longue distance, et ressemble en cela au Saint-Laurent lui-même. De plus, il s'agit de la voie migratoire la plus évidente en direc-tion de la baie d'Hudson.

Rapides-des-Joachims

Les sections d'un cours d'eau qui ne gèlent pas en hiver constituent des lieux propices au rassemblement d'oi-seaux hivernants. Rapides-des-Joachims est de ces endroits-là. Son importance tient entre autre à la présence assez régulière en hiver du Pygargue à tête blanche.

Hull et Aylmer

De bons rassemblements de canards se montrent sur la rivière des Outaouais au printemps comme à l'automne,

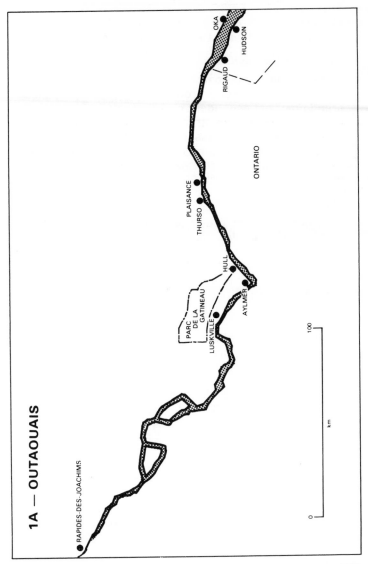

1A — OUTAOUAIS

et plusieurs hivernent, soit aux rapides du parc Brébeuf à Hull ou aux rapides Deschênes à Aylmer.

Parc de la Gatineau

Certaines parties du parc sont constituées de forêts de feuillus comme on en retrouve peu au Québec; la plus grande part est cependant composée de forêts mixtes. C'est un bon endroit pour retrouver un échantillonnage assez complet des passereaux nicheurs du sud du Québec. Depuis quelques années les falaises du versant sud, visibles à partir de Luskville, sont régulièrement fréquentées en été par l'Urubu à tête rouge.

Plaisance

Un des rares parcs provinciaux protégeant un habitat marécageux dans les Basses-Terres. On y trouve tous les oiseaux typiques d'un tel habitat, y compris le Troglodyte des marais et le Petit Butor. Quelques marais et boisés inondés, plutôt inaccessibles, se rencontrent également dans la région voisine de Thurso.

Hudson

Contrairement à la plupart des municipalités du Québec, où on ne retrouve que peu ou pas d'arbres, Hudson possède une grande quantité d'arbres matures, surtout des pins. C'est donc un endroit intéressant en hiver puisqu'on y trouve également un bon nombre de mangeoires en activité. Il existe plusieurs maisonnettes occupées par le merle-bleu dans la région d'Hudson et du mont Rigaud.

Oka

Les grands pins sur la montagne d'Oka abritent la Paruline des pins en été, et le parc d'Oka possède une colonie de hérons et de bihoreaux. La grande baie du parc est riche en oiseaux aquatiques, surtout à l'automne.

Le *Labbe à longue queue* est peu souvent observé, sauf sur ses terrains de nidification de la baie d'Hudson.

Le *Mergule nain* est difficile à repérer sur la mer car il mesure moins de 20 cm.

1B — Montréal et le haut Saint-Laurent

Dundee

Les marais de quenouilles, lorsqu'ils sont suffisamment vastes, abritent une avifaune unique et des plus fascinantes. Les marais de Dundee (la partie la plus accessible étant Hopkin's Point), qui ont récemment été mis en réserve par le gouvernement fédéral, sont de ceux-là. En plus des oiseaux propres à ce type d'habitat (butors, râles, Troglodytes des marais, etc.) on retrouve plusieurs Morillons à tête rouge nicheurs, ce qui est peu fréquent au Québec. Le Troglodyte à bec court, le Moucherolle des saules et le Râle jaune peuvent se rencontrer en bordure du marais. Pour se rendre à Hopkin's Point, il faut franchir la frontière américaine et passer par Fort Covington avant de se retrouver à nouveau au Québec.

Saint-Antoine Abbé

Au nord-est du village une route secondaire traverse une région unique par sa géologie et sa végétation, et où le gouvernement du Québec a établi une réserve écologique pour assurer la protection de la seule station du Pin rigide (*Pinus rigidus*) de la province. Le Tohi à flancs roux et la Grive solitaire sont les oiseaux caractéristiques de cette pinède; le Troglodyte à bec court a déjà été observé à proximité.

Valleyfield

Depuis quelques années, on a reconnu la valeur de l'embouchure de la voie maritime à Valleyfield comme lieu de passage des rapaces en migration, principalement à la fin d'avril. Ceci tient au fait que ces oiseaux préfèrent contourner les étendues d'eau comme le lac Saint-François et profiter pour prendre de l'altitude des courants d'air chaud existant au-dessus des terres. Il faut bien noter que les mouvements des oiseaux de

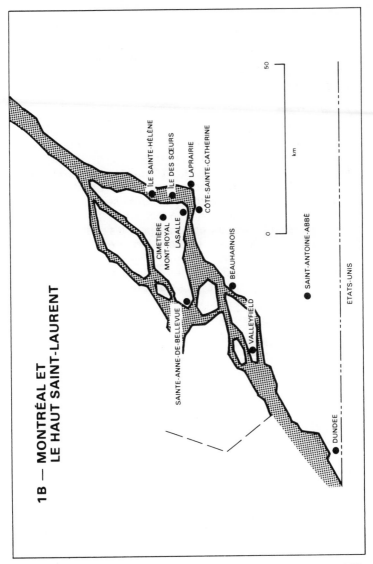

1B — MONTRÉAL ET
LE HAUT SAINT-LAURENT

ÎLE SAINTE-HÉLÈNE
ÎLE DES SŒURS
LAPRAIRIE
CÔTE-SAINTE-CATHERINE
CIMETIÈRE
MONT-ROYAL
LASALLE
BEAUHARNOIS
SAINTE-ANNE-DE-BELLEVUE
VALLEYFIELD
SAINT-ANTOINE-ABBÉ
ÉTATS-UNIS
DUNDEE

km

50

0

proie ne sont visibles que durant quelques journées particulièrement favorables et ne se produisent souvent qu'à une altitude assez haute. Valleyfield est aussi reconnue pour ses passages de canards plongeurs sur le lac Saint-François.

Beauharnois

Un des meilleurs sites pour observer à loisir les différentes espèces de goélands se trouve à Beauharnois, plus précisément en aval du barrage hydro-électrique. La raison de cet état de chose est double : premièrement une grande quantité de poissons, étourdis ou tués par leur passage dans les turbines, fournissent une abondante pâture aux goélands à certaines périodes, et deuxièmement l'accès y est facile pour les observateurs.

Comme à tous les endroits fréquentés par les oiseaux, il s'y trouve des périodes creuses où les goélands sont absents pour des raisons diverses, ce qui est cependant rarement le cas à la fin août et à la mi-décembre.

Côte-Sainte-Catherine

Côte-Sainte-Catherine est un petit terrain de camping du gouvernement québécois adjacent à un refuge d'oiseaux migrateurs et situé aux écluses de la Voie maritime du Saint-Laurent, au pied des rapides de Lachine.

Des Cormorans à aigrettes se rencontrent du printemps jusqu'à l'automne sur les îlots des rapides. Plusieurs bihoreaux et Grands Hérons nichent encore dans l'île aux Hérons, en face, leurs nids étant visibles au sommet des grands arbres. Lors de la migration automnale, il arrive que d'importantes concentrations de Canards siffleurs et pilets y soient observées. L'absence de glace dans les rapides en hiver fait que plusieurs centaines de garrots, becs-scie, et Canards noirs y hivernent.

Le *Grand Cormoran* en plumage nuptial arbore des taches blanches caractéristiques.

Laprairie

Le bassin de Laprairie, enfermé par la Voie maritime, attire un bon nombre d'oiseaux à la fin de l'été; la plupart des espèces de canards nicheurs de la région et plusieurs oiseaux de rivage s'alimentent en cette saison dans les amas de végétation flottante. Il existe une importante colonie de Goélands à bec cerclé établie sur un îlot, en dessous du pont Champlain. Plus tard à l'automne, l'endroit est souvent visité par des huarts, des morillons, des macreuses et parfois même des Canards roux.

Summit Park

Summit Park, le sommet sud-ouest du mont Royal, est entouré d'un secteur résidentiel et séparé du reste de la montagne par le boulevard de la Côte des Neiges. Le caractère «sauvage» et varié de la végétation décidue du parc en fait un point d'attraction pour les passereaux migrateurs de mai, principalement les parulinés. Il est possible d'y observer plus d'une soixantaine d'espèces de passereaux (en une seule journée), dont une vingtaine de parulinés; les matins chauds et humides de la mi-mai sont généralement les meilleurs. Un nombre impressionnant d'espèces très rares au Québec y a été vu. Le Petit-duc y niche occasionnellement, le Gobe-moucherons, la Paruline verdâtre et le Cardinal rouge y sont vus presque à chaque année.

Cimetière du mont Royal

Le cimetière protestant du mont Royal est l'un des rares endroits à Montréal où les oiseaux peuvent être observés de façon profitable tout au long de l'année. L'endroit, qui se présente sous la forme d'un vallon, est abondamment planté d'arbres et d'arbustes ornementaux; des lisières d'érablière à chêne rouge subsistent en périphérie.

Une population semi-domestique de faisans y survit depuis une trentaine d'années. Cette saison est également la meilleure pour observer l'autour et le grand-duc, ce dernier souvent présent dans les conifères. Plusieurs espèces hivernantes, dont les jaseurs, le Gros-bec errant et le Dur-bec des pins apparaissent avec une étonnante régularité. Les premiers endroits où la neige disparaît au printemps attirent la bécasse (mars, avril); à cette époque, ainsi qu'en mai, le Hibou moyen-duc se rencontre parfois dans les taillis denses, surtout conifériens. Parmi les nicheurs plus ou moins réguliers, on peut citer la Crécerelle d'Amérique, le Tyran tritri, le Tyran huppé, le Pioui de l'Est, le Troglodyte familier, les trois espèces de moqueurs et le Passerin indigo. L'endroit se visite avantageusement à pied (en tout temps, le jour), les chemins pavés sont généralement ouverts à la circulation automobile entre 10 heures et 16 heures; il faut cependant toujours garder en mémoire la fonction première de l'endroit.

Île Sainte-Hélène

L'absence de strate arbustive importante dans ce parc fait que les passereaux migrateurs y sont relativement difficiles à observer; toutefois un nombre impressionnant d'espèces y a été vu au fil des années. Le principal attrait ornithologique semble être la présence sur la rive montréalaise de l'île, d'octobre à décembre, de huarts, grèbes, morillons et macreuses, facilement visibles (en petits nombres) à partir du terrain de stationnement (gratuit de septembre à mai).

Île des Sœurs

La variété des habitats qu'on y trouve, et sa proximité du centre-ville de Montréal, rendent cette île particulièrement intéressante pour ce qui est du nombre d'espèces qu'on peut y observer en toutes saisons; jusqu'à présent, on a pu en dénombrer environ 230. Malheureusement d'importants développements urbains entament continuellement les habitats. L'île porte un vestige de forêt dans sa partie centre-ouest, ainsi qu'une végétation hétéroclite de plantes basses établie sur un sol rapporté lors du remblayage d'un ancien marais.

L'Île des Sœurs est un endroit à visiter l'hiver; elle est particulièrement prisée en cette saison pour sa petite population de Perdrix grises résidantes. Lors des visites cycliques des harfangs dans nos régions, un observateur méthodique peut être certain de trouver un ou plusieurs de ces oiseaux dans les terrains découverts des extrémités de l'île ou sur la glace du fleuve. En plus des rares hivernants communs à tous les bosquets décidus de la région montréalaise, le boisé de l'île abrite souvent des hiboux, ainsi que les Pics à dos noir et tridactyle, en période d'invasion, et le grimpereau en permanence.

Au printemps, la plupart des canards de la région montréalaise se voient sur le fleuve (cependant le chenal qui sépare l'Île des Sœurs de l'Île de Montréal est, lui, généralement désert). C'est à la mi-avril qu'arrivent les Cormorans à aigrettes qu'on peut être assuré de voir sur les îlots rocheux au large de la pointe ouest de l'île des Sœurs. On peut voir également plusieurs bihoreaux voler au-dessus de l'île, à l'aube et au crépuscule. Cet endroit sert parfois de gîte au Hibou des marais, là où la végétation est encore basse. À la mi-mai, lors de la migration des parulinés, il convient de noter la présence de la Paruline des ruisseaux qui apprécie le sol humide, sinon inondé, du bois. Il se produit à la fin de mai un phénomène intéressant, à savoir l'apparition de milliers de Trichoptères; ces myriades d'insectes inoffensifs attirent souvent de

Christian Pilon

C'est presque uniquement sur la Basse Côte-Nord qu'on peut observer le *Macareux moine*.

nombreux Goélands à bec cerclé sur la pointe ouest de l'île.

En été, l'Île des Sœurs est réputée pour sa colonie d'Hirondelles noires qu'abritent les maisonnettes situées près des grands édifices de la rive sud de l'île. On peut également observer l'Hirondelle à front blanc qui niche sous le pont Champlain.

À l'automne, on peut compter quelques espèces de bécasseaux, là où le terrain est dénudé. Plus tard, au début novembre, on peut, en jetant un coup d'œil en amont du pont Champlain, s'attendre à voir quelques huarts, grèbes ou canards plongeurs.

LaSalle

Un tout petit parc riverain à l'extrémité est de la municipalité de LaSalle (boulevard LaSalle et 8ième Avenue) offre, lorsque l'état des glaces le permet, une vue des canards et goélands hivernant au pied des rapides de Lachine, de novembre à mars. D'avril à juin, c'est également un site propice à l'observation de divers oiseaux aquatiques (canards et sternes en particulier).

Arboretum Morgan

Il existe sur le terrain du collège MacDonald, à Sainte-Anne-de-Bellevue, un magnifique boisé appelé l'arboretum Morgan; le public y a accès moyennant une somme modique pour le stationnement. Plusieurs nicheurs (Grand Pic, Buse à épaulettes, Chouette rayée) s'y rencontrent, qu'on retrouve difficilement ailleurs sur l'île de Montréal, vu le manque de vastes boisés en bon état. En hiver, l'arboretum est aussi un endroit unique à Montréal par la présence de secteurs conifériens favorisés par plusieurs espèces.

1C — **Richelieu et lac Saint-Pierre**

Le Richelieu et son déversoir, le lac Saint-Pierre, constituent un axe de migration très important, leur

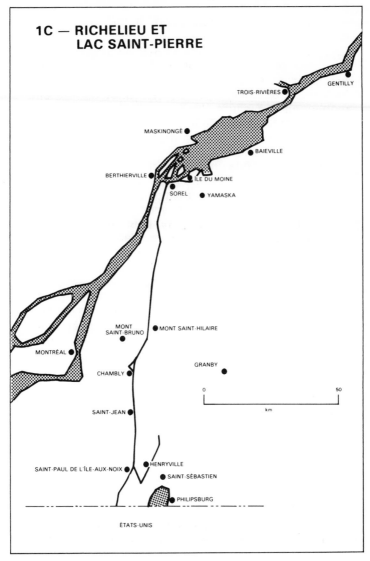

1C — RICHELIEU ET LAC SAINT-PIERRE

orientation dans le prolongement du lac Champlain et de la rivière Hudson mène directement du Saint-Laurent à la côte américaine. Le Richelieu est emprunté par une multitude d'oiseaux aquatiques dont la migration coïncide avec les crues printanières. En plus des localités ci-dessous, Chambly et Granby doivent être mentionnées à cause de leurs réservoirs propres à attirer l'avifaune aquatique.

Philipsburg

Philipsburg possède un sanctuaire d'oiseaux aménagé par la *Province of Quebec Society for the Protection of Birds* et situé juste au nord-est du poste frontière. Des sentiers traversent plusieurs types d'habitats répartis autour d'un étang à castors; on peut donc y observer une grande diversité d'espèces, depuis le Canard branchu jusqu'au Bruant des champs.

Henryville et Saint-Sébastien

Haltes printanières très importantes de Bernaches du Canada et souvent d'Oies des neiges dans les champs inondés de la rivière du Sud: ces oiseaux préfèrent les champs utilisés pour le maïs la saison précédente. De nombreux canards et oiseaux de rivage, et parfois un échassier rare tel l'aigrette, sont aussi présents.

Saint-Paul de l'Île-aux-Noix

Nous retrouvons ici les mêmes phénomènes mentionnés précédemment pour Henryville et Saint-Sébastien. La rivière Richelieu est cependant riche en canards plongeurs (comme le Morillon à dos blanc) dès la fonte des glaces. Le Phalarope de Wilson a déjà été vu sur l'île aux Noix et dans les régions avoisinantes.

Monts Saint-Hilaire et Saint-Bruno

Ce sont deux massifs similaires recouverts d'une forêt décidue qui est assez exceptionnelle dans le cas du mont Saint-Hilaire. L'université McGill possède au mont Saint-Hilaire un vaste terrain (le domaine Gault) ouvert au public et doté d'un centre d'interprétation de la nature: c'est un des rares endroits au Québec où il soit possible d'observer la Paruline azurée, et on y trouve aussi plusieurs autres oiseaux intéressants, comme le Viréo à gorge jaune. Une partie du mont Saint-Bruno est aménagée en parc provincial et le Gobe-moucheron gris-bleu y a niché récemment.

Lac Saint-Pierre

L'archipel de Sorel, particulièrement l'île du Moine, s'est taillé une bonne réputation auprès des ornithologues amateurs, et ce malgré son accès difficile. À la fin de l'été, les oiseaux de rivage y abondent, surtout à l'extrémité nord-est de l'île du Moine et de l'île des Barques, juste en face; de même, un bon nombre de canards, goélands et échassiers fréquentent ces lieux à la même époque, en plus de tous les oiseaux nicheurs des marais. Au printemps cependant, ces endroits sont généralement recouverts par les crues.

Les îles de Berthier, sur l'autre rive, sont analogues, mais l'empiètement par les terres agricoles y est beaucoup plus grand. De part et d'autre du lac Saint-Pierre, Maskinongé, Yamaska et Baieville présentent aussi des sites similaires; fréquentées probablement encore plus par la Bernache du Canada et le Canard pilet au printemps, les terres riveraines de ces municipalités voient des concentrations presque aussi spectaculaires que celles de l'Oie des neiges au cap Tourmente. À l'est du village de Gentilly, une immense baie accueille en août un nombre impressionnant d'oiseaux de rivage.

1D — **Québec**

Plaines d'Abraham

À l'exception du cap Tourmente, la plupart des boisés mixtes aux environs de Québec sont de valeur analogue

Jean Falardeau

Pierre Drapeau

La région du cap Tourmente ne doit pas uniquement sa renommée à la présence de l'*Oie des neiges*; en toute saison on y fera des observations dignes d'intérêt.

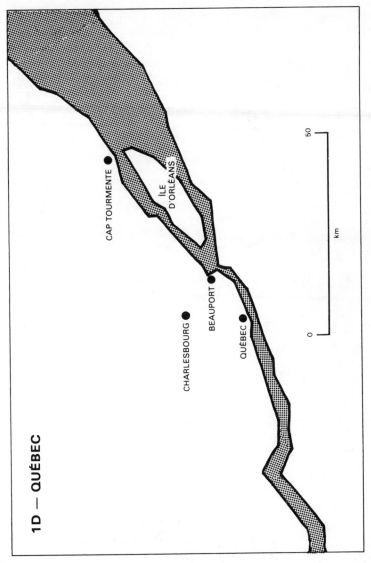

1D — QUÉBEC

pour l'observation des passereaux, y compris celui du jardin zoologique de Charlesbourg. Il convient cependant de signaler tout particulièrement les bosquets des plaines d'Abraham, adjacents aux falaises, ainsi que la cité universitaire à Sainte-Foy. Ces boisés, qui prennent toute leur importance au moment des migrations, ont l'avantage d'être situées dans les limites de la ville.

Pont de l'île d'Orléans

La zone du pont de l'île d'Orléans reçoit d'importantes troupes d'oies et de canards au printemps. Quoique ces oiseaux soient répandus de Québec jusqu'au cap Tourmente et à Montmagny, l'extrémité sud du pont de l'île constitue un point d'observation particulièrement favorable; le Canard siffleur d'Europe y est signalé régulièrement.

Maizerets

L'embouchure de la rivière Beauport a beaucoup d'intérêt pour les véritables amateurs d'oiseaux. Les zones de remblayage dans l'enceinte des ports nationaux font honneur au principe qui veut que tout rivage qui n'est pas vertical est une vision d'horreur, principe qui semble avoir la faveur populaire en aménagement riverain.

C'est par dizaines de milliers que les oiseaux de rivage et les goélands s'assemblent encore à la fin de l'été dans ce milieu en constant rétrécissement. Il s'agit d'espèces «difficiles» qui soulèvent souvent peu d'enthousiasme auprès du novice, surtout dans un environnement aussi peu enchanteur. Cependant l'ampleur

André Cyr

Avec son plumage vert sombre et roux, le *Héron vert* est difficile à repérer lorsqu'il demeure immobile.

des nombres suffit à impressionner même l'amateur le plus tiède.

Les Oies des neiges fréquentent aussi l'endroit au printemps. Pour y avoir accès, à pied, il suffit d'obtenir la permission du gardien à la barrière située à l'extrémité sud-est du boulevard Henri-Bourassa.

Cap Tourmente

Marquant la fin des basses terres du Saint-Laurent, le cap Tourmente se dresse face à l'île d'Orléans. Depuis toujours l'Oie des neiges y fait halte au printemps et surtout à l'automne, et l'observation y est facilitée par la présence d'une réserve nationale de la faune. L'entonnoir que forme la vallée du Saint-Laurent à cet endroit favorise la présence d'un grand nombre de migrateurs. Parmi les nombreux rapaces qui préfèrent contourner l'estuaire dans leurs migrations, signalons l'Aigle royal qui s'y rencontre chaque année.

Pendant l'été, on peut observer les espèces nicheuses des basses terres, aussi bien que celles des Laurentides, établies elles sur les hauteurs du cap. De plus, les marais à spartines où s'alimentent les oies abritent une petite population du Bruant à queue aiguë, l'une des plus occidentales de l'estuaire.

2 — APPALACHES

Les Appalaches constituent la zone montagneuse au sud du Saint-Laurent, et sont donc le prolongement des montagnes de Gaspésie dont nous traiterons plus loin. Tout comme les Laurentides, les Appalaches contiennent toutes les formations végétales faisant transition entre la plaine du Saint-Laurent et les forêts coniferiennes de haute altitude.

Cette région se prête peu à une énumération de localités. L'observateur découvrira l'avifaune variée de cette région en visitant, à des stations et à des époques différentes, les nombreux habitats qu'on y trouve. Le sommet du mont Mégantic abrite plusieurs espèces typiques des forêts conifériennes, comme la Grive à joues grises ou la Paruline rayée. Parmi les pièces d'eau importantes, citons les lacs Memphrémagog, Mégantic, Magog et Saint-François, visités par les migrateurs aquatiques; c'est cependant dans les baies herbeuses et les marais, comme celui de Katevale, qu'il faut chercher les oiseaux aquatiques nicheurs. Un endroit mérite d'être cité particulièrement pour les passereaux, il s'agit du mont Orford.

3 — BAS-SAINT-LAURENT

De La Pocatière à Métis, la continuation de la vallée du Saint-Laurent tire son caractère unique de la présence des marécages à spartines, plantes soumises aux influences variables de la marée et de l'eau salée. La portion la plus étendue de cet habitat s'étend sur plusieurs kilomètres de part et d'autre de Kamouraska, mais le site est tellement vaste qu'il est difficilement accessible. Des unités plus restreintes pourront être visitées aux localités mentionnées ici.

Le Bruant à queue aiguë est l'oiseau caractéristique de cet habitat, mais il est difficile à découvrir dans les grandes herbes qui constituent son domaine. D'avril à octobre, hérons, canards, limicoles et goélands seront observés en grand nombre dans ce milieu; le Canard noir et le bihoreau se disputent l'honneur d'en être l'emblème tant ils y sont répandus.

Si les concentrations d'oiseaux aquatiques font la renommée de cette région, il ne faudrait pas oublier qu'elle constitue le prolongement des basses terres du Saint-Laurent; plusieurs oiseaux méridionaux, comme la Maubèche des champs, la Sittelle à poitrine blanche, le Viréo mélodieux ou l'Oriole du Nord peuvent y être découverts dans les habitats propices.

La Pocatière

Les abords immédiats du vieux quai constituent l'un des endroits les plus faciles d'accès pour chercher à voir le Bruant à queue aiguë. D'autre part, le musée du cégep local est l'une des rares institutions à présenter une collection d'oiseaux naturalisés de valeur reconnue.

Rivière-du-Loup

Les deux baies, situées de part et d'autre du quai d'où part le traversier menant à Saint-Siméon, sont suffisamment vastes pour occuper l'observateur pendant plusieurs heures, s'il veut les fouiller à fond. Le traversier est la plus occidentale des navettes de l'estuaire et les eaux qu'il sillonne sont les moins visitées par les oiseaux marins. Parmi les visiteurs réguliers, seul le Petit Pingouin est digne de mention.

Cacouna

À l'est du village, la route menant au nouveau port traverse une prairie humide parsemée de petits étangs; un embranchement conduit au fleuve au milieu d'une grande baie. On peut s'attendre à tout dans ce secteur, comme le montre la variété impressionnante des espèces qu'on y a observées au fil des ans. Encore plus à l'est, la route de la rivière des Vases nous amène à nouveau en bordure du fleuve, cette fois en face de l'île Verte, dans un des coins les plus pittoresques de la région.

Trois-Pistoles

C'est de Trois-Pistoles qu'appareille le traversier le plus célèbre auprès des amateurs d'oiseaux (et de baleines). Quiconque emprunte ce traversier en septembre ou octobre est presque certain de voir plusieurs labbes; les phalaropes ainsi que le Petit Pingouin y sont fréquemment aperçus. La fin de mai est également une

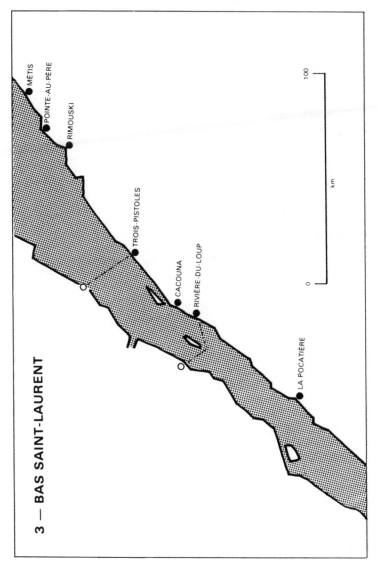

3 — BAS SAINT-LAURENT

MÉTIS
POINTE-AU-PÈRE
RIMOUSKI
TROIS-PISTOLES
CACOUNA
RIVIÈRE-DU-LOUP
LA POCATIÈRE

km
0   100

excellente période pour faire la traverse. Les oiseaux marins fréquentent surtout les amas d'algues et de débris accumulés le long des points de rencontre des différents courants.

Rimouski

Surplombé par des rues secondaires offrant des points de vue de choix, le grand marais qui s'étend sur quelques kilomètres à l'ouest de la rivière Rimouski a acquis une haute réputation depuis que les ornithologues locaux en ont démontré la valeur par leurs nombreuses observations intéressantes.

Pointe-au-Père

Le marais de Pointe-au-Père est de petite dimension et situé près de la route nationale, ce qui en fait un bon site pour observer les oiseaux de près, en particulier les oiseaux de rivage. De la mi-avril à la mi-mai, chance et persévérance permettront peut-être d'observer le magnifique Eider à tête grise parmi les nombreux Eiders à duvet qui fréquentent les eaux environnantes.

4 — GASPÉSIE

Si la valeur ornithologique de la Gaspésie est connue du profane, elle reste aussi vraie pour le connaisseur. Du fond de la baie des Chaleurs aux falaises de l'île Bonaventure en passant par le sommet des Chic-Chocs, la Gaspésie garde son intérêt tout au long de l'année.

La rive nord de la péninsule a peu à offrir, si ce n'est des points de départ pour des excursions sur les sommets de l'intérieur; on y notera cependant la prépondérance du Goéland à manteau noir sur le Goéland argenté, les seules espèces vraiment en évidence. L'avifaune sera nettement plus abondante et plus variée à l'extrémité de la péninsule et en divers endroits de la baie des Chaleurs.

OÙ OBSERVER LES OISEAUX DU QUÉBEC

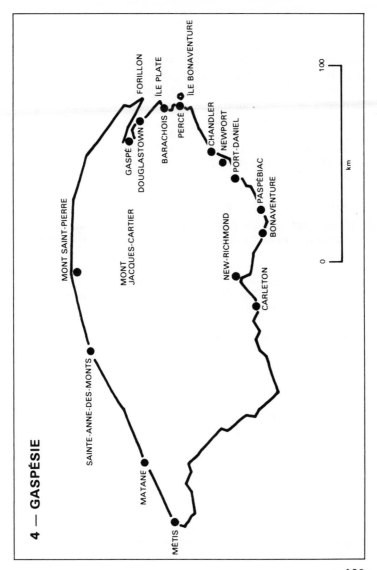

4 — GASPÉSIE

Matane

Matane est le point de départ de traversiers menant à Baie-Comeau et Godbout. Bien qu'elle ne soit pas aussi riche en oiseaux que celle de Trois-Pistoles, la traverse de Matane offre les mêmes espèces, mais en moins grande abondance et sur un trajet plus long; il faut mentionner toutefois que le Fulmar boréal s'y rencontre parfois, ce qui est rarement le cas à Trois-Pistoles. Les périodes favorables y sont les mêmes: de la mi-mai à la mi-juin, et de la fin août à la fin octobre.

Mont Jacques-Cartier

C'est par Sainte-Anne-des-Monts ou Mont-Saint-Pierre que l'on atteindra le sentier de départ conduisant sur le plus haut sommet du Québec. Le spectacle unique, la rencontre d'un troupeau de caribous sur les sommets dénudés et l'observation d'oiseaux nicheurs tels le Pipit spioncelle et le Sizerin flammé valent certainement le déplacement.

Parc de Forillon

La beauté de ce site ne laisse aucun visiteur indifférent, pas plus d'ailleurs que les nombreuses possibilités pour l'observation des oiseaux, autant terrestres que marins. On trouvera aux kiosques d'accueil du parc tous les renseignements sur les oiseaux de la région et les habitats qu'ils fréquentent. Le sentier qui mène au cap Gaspé est particulièrement recommandé.

Baie de Gaspé

En plus du marais au fond de la baie, le site le plus intéressant du coin est la flèche de sable (appelée Sandy Beach) qui s'avance dans la baie à l'est de la ville de Gaspé. On y trouve une colonie de Sternes pierregarin où la Sterne arctique pourrait être découverte un jour.

Normand David

Par ses différents habitats et sa position stratégique, le parc de Forillon attire une avifaune variée à longueur d'année.

Yves Mailhot

Inondés par les crues printanières, les champs bordant le lac Saint-Pierre constituent des sites fréquentés régulièrement par la *Bernache du Canada*.

Le Râle jaune a déjà été observé dans le marais qui forme la base de ce site.

Douglastown

Le barachois est un paysage typiquement gaspésien. Une barre de sable érigée par les courants ferme partiellement l'embouchure d'une rivière et le marais qui se forme dans son élargissement est soumis aux influences diverses de l'eau douce et de l'eau salée. Ce milieu est donc propice au séjour d'une grande variété d'espèces aquatiques.

Pointe Saint-Pierre

Battue par les vents, cette pointe offre un point de vue sur l'île Plate où niche le Grand Cormoran. En mai, on pourra observer les allées et venues de nombreux oiseaux marins, en particulier le pingouin, les guillemots, les macreuses et le Canard kakawi. Le minuscule Mergule nain fréquente ces parages en décembre.

Barachois de Malbaie

Quatre rivières se jettent dans cet immense barachois qui constitue une étape essentielle de toute excursion ornithologique en Gaspésie. L'abondance et la variété des oiseaux ne manquent pas. Des milliers de Bernaches cravants y séjournent en mai; canards, hérons et goélands sont toujours présents; les oiseaux de rivage s'y arrêtent en août; même le Fou de Bassan y vient pêcher parfois. La présence du Râle jaune et du Bruant à queue aiguë est un témoignage éloquent de la richesse de ce site.

Percé

La renommée de l'île Bonaventure n'est plus à faire. On y vient de partout en Amérique pour observer de près (à quelques mètres) les Fous de Bassan nicheurs du plateau supérieur; de là on peut également voir les «rangées» de Petits Pingouins, Marmettes de Troïl et Mouettes tridactyles qui occupent les falaises. De la mi-mai à la mi-juin, c'est la période idéale pour observer le magnifique Canard arlequin à la base des falaises sud et ouest de l'île. Animé par le Service canadien de la faune, le Centre d'histoire naturelle de Percé offre une documentation adéquate sur les oiseaux de la région et organise en été des excursions guidées.

Chandler/Bonaventure/New-Richmond/Port-Daniel

Comme dans plusieurs régions, les embouchures des rivières autour desquelles sont construites ces agglomérations constituent des sites de choix pour l'observation.

Paspébiac/Carleton

En face de ces villages, les courants ont déposé deux barres de sable formant une petite lagune triangulaire, point de rassemblement de hérons, goélands, sternes et d'oiseaux de rivage.

5 — ÎLES-DE-LA-MADELEINE

Les îles de la Madeleine forment une entité unique par plusieurs aspects; pour l'ornithologue, ces îles perdues au milieu du golfe Saint-Laurent offrent un échantillonnage d'oiseaux nicheurs des plus intéressants et demeurent un endroit de prédilection pour observer les migrations. Plus de 240 espèces y ont été signalées au cours des années.

Cap-aux-Meules, la principale agglomération des îles, est reliée à Souris (Île du Prince-Édouard) par un service de traversier quotidien; une liaison maritime hebdomadaire existe également avec Montréal et Québec. Celui qui arrivera aux îles par bateau pourra observer quelques oiseaux pélagiques dans les eaux environnantes; le Pétrel cul-blanc peut être rare ou commun, mais il est toujours présent en été; contrairement à l'idée reçue, cet oiseau peut souvent être décelé dans le sillage du navire. Le Fulmar boréal, le Puffin majeur, le Puffin fuligineux, les phalaropes et les labbes sont plus rares mais quand même réguliers; il faut pour les trouver scruter attentivement, surtout sous la ligne d'horizon. À proximité des îles, les Fous de Bassan, Mouettes tridactyles et cormorans se font nombreux.

Île du Cap-aux-Meules

Cap-aux-Meules, sur l'île du même nom, est le port d'entrée de tous ceux qui arrivent aux îles par voie de mer. L'île, comme la plupart de ses voisines, est recouverte de pâturage et de boisés conifériens, on y trouve une demi-douzaine d'agglomérations. Les oiseaux suivants sont les plus typiques des boisés conifériens: Moucherolle à ventre jaune, Mésange à tête brune, Grives solitaire, à dos olive, et fauve, Roitelets à couronne dorée, et à couronne rubis. Parulines obscure, à croupion jaune, et rayée, Bruants fauve, et à gorge blanche.

L'île porte quelques étangs saumâtres qu'il peut être intéressant de visiter. L'étang du Nord, au sud-ouest de la municipalité du même nom, est facilement accessible en automobile; il est riche en oiseaux de rivage et goélands. Le phare de l'étang du Nord surplombe une colonie de Guillemots à miroir. La popularité du cap Vert (à l'entrée de la dune du Nord), en tant que station de villégiature, en fait un endroit très achalandé en fin de semaine: sur semaine, cependant, beaucoup d'oiseaux de rivage se reposent sur les plages de la lagune du Havre-aux-Maisons, il est même possible d'y trouver le Pluvier siffleur. L'étang

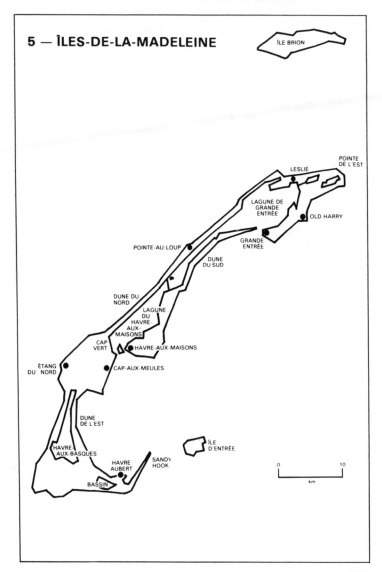

5 — ÎLES-DE-LA-MADELEINE

ÎLE BRION

POINTE DE L'EST

LESLIE

LAGUNE DE GRANDE ENTRÉE

OLD HARRY

GRANDE ENTRÉE

POINTE-AU-LOUP

DUNE DU SUD

DUNE DU NORD

LAGUNE DU HAVRE-AUX-MAISONS

CAP VERT

HAVRE-AUX-MAISONS

ÉTANG DU NORD

CAP-AUX-MEULES

DUNE DE L'EST

HAVRE-AUX-BASQUES

HAVRE AUBERT

SANDY HOOK

ÎLE D'ENTRÉE

BASSIN

0   10
km

voisin du cap Vert a vu défiler, au cours des années, plusieurs espèces d'oiseaux inusitées aux îles de la Madeleine.

Havre aux Basques

L'un des endroits les plus dignes d'intérêt pour l'ornithologue, sur l'archipel principal, est certainement le havre aux Basques, large lagune située entre l'île du Cap-aux-Meules et l'île du Havre-Aubert. L'observation des oiseaux est facile tout le long de la route qui relie ces deux îles. La partie marécageuse, qui forme le nord du havre aux Basques, abrite une colonie de sternes et sert de site de nidification à plusieurs canards (Canards noirs, pilets, et Grands Morillons, surtout). Ce sont cependant les oiseaux de rivage qui font la réputation du havre, et la migration automnale de ceux-ci s'y déroule de juillet à novembre.

Île du Havre-Aubert

L'île du Havre-Aubert n'a rien à envier à ses voisines. Le Bassin, une lagune au sud de l'île, est une réplique miniature du havre aux Basques.

Au village de Havre-Aubert, la baie située au sud-est du quai constitue un bon point de départ pour une excursion ornithologique; si les conditions de marée sont propices aux oiseaux de rivage, on peut avoir une bonne vue sur ceux-ci en empruntant le chemin qui mène au Sandy Hook. Le Sandy Hook est, incidemment, l'un des bons sites où trouver le Pluvier siffleur.

Île de Pointe-au-Loup

La route d'une trentaine de kilomètres qui relie Havre-aux-Maisons à l'île de l'Est passe par Pointe-au-Loup. Il faut auparavant franchir un pont qui mène de la dune du Sud à la dune du Nord; les abords du pont sont un bon point d'où surveiller l'activité des bécasseaux et des Grands Hérons. Tout près de là, trois îlots, dans la lagune de Grande-Entrée, abritent des colonies de Sternes pierregarin et arctiques (ces dernières forment 5% du total), et parfois quelques Sternes de Dougall. Les minuscules étangs, à l'entrée ouest de Pointe-au-Loup, servent de reposoir pour toutes ces sternes. Chaque fois que la route s'approche de la lagune, il est possible, au surplus, d'observer goélands et oiseaux de rivage.

Île de l'Est

Après le havre aux Basques, l'île de l'Est peut être classée comme l'endroit le plus prolifique de l'archipel principal. Les étangs marécageux de la Pointe de l'Est soutiennent une petite population de Grèbes cornus et de Becs-scie à poitrine rousse. Le cap Old Harry sur la rive sud de l'île constitue certes l'un des meilleurs points de vue sur la mer; c'est un cap rocheux dont les formes bizarres ont été sculptées par les vagues. Qui scrute l'horizon du haut de ce promontoire peut être assuré d'apercevoir le Fou de Bassan, la Mouette tridactyle, le Petit Pingouin, le guillemot, et peut-être même un oiseau pélagique.

Île Brion

À 16 kilomètres au nord de l'île de l'Est, l'île Brion, longue de sept km et large de deux km, se distingue des îles de l'archipel principal par sa forêt en grande partie intacte. Sur la pointe ouest un village abandonné et dominé par un phare constitue le point de départ habituel pour une excursion dans cette île déserte. Île désertée par les humains, certes, mais non par la gent ailée. Le Pétrel cul-blanc est réputé nicheur dans les environs du phare, mais cet oiseau pélagique ne se manifeste à son terrier qu'après la tombée de la nuit, et le tapis de sapins tourmentés par le vent assure sa protection. La rive nord de l'île peut être aisément longée, elle est formée de falaises sur le haut desquelles une lisière de prés facilite la marche.

Après avoir passé une bruyante colonie de Goélands argentés bien protégée par l'épaisse sapinière, on peut avec grande prudence observer de cap en cap les centaines de Grands Cormorans, Goélands à manteau noir et Macareux moines qui gîtent ici et là sur les falaises.

Rocher aux Oiseaux

Le rocher aux Oiseaux offre sans doute le spectacle ornithologique le plus grandiose du Québec. À une trentaine de kilomètres au nord-est de l'île de l'Est, une table de grès haute de 50 mètres se dresse en plein cœur du Golfe. Ses parois abruptes servent de logis à une multitude de Fous de Bassan, Mouettes tridactyles, Petits Pingouins, Marmettes de Troïl et de Brünnich, ainsi que quelques Macareux moines.

L'île est coiffée d'un phare auquel est accollée la maison du gardien, et seul un long escalier permet d'y accéder (par temps très calme); le côté ouest, portant l'escalier, est surtout favorisé par les Mouettes tridactyles. Le rocher est jumelé à un double îlot de moindre taille, le rocher aux Margaux, tout aussi prisé des oiseaux coloniaux, et dont les parois en pentes douces permettent l'accès aux Phoques communs et aux Phoques gris.

Le visiteur éventuel pourra s'informer des possibilités de traversée (par temps calme, car les abords du rocher sont dangereux) auprès des pêcheurs du village de Leslie ou Grande-Entrée. Les difficultés d'accès et le prix dispendieux de la traversée seront pleinement compensés.

6 — ANTICOSTI

Il convient de dire un mot sur l'île Anticosti. Port-Menier y est la seule agglomération et toute l'île est un parc administré par le ministère québécois du Loisir, de la Chasse et de la Pêche, auquel il est bon de s'adresser pour y avoir accès. L'île est presqu'entièrement couverte de forêts coniferiennes à des stades divers; il existe un bon réseau routier mais les colonies d'oiseaux marins de la pointe est (Fous de Bassans, cormorans, Mouettes tridactyles, guillemots et macareux) sont très difficiles d'accès autrement que par bateau nolisé.

* Le visiteur éventuel aurait intérêt à consulter *Les oiseaux de l'île Anticosti* (1969) par H. Ouellet (Musées nationaux du Canada, Publication en zoologie, No 1).

7 — CÔTE-NORD

Le long chapelet de petits villages qui s'étire sur plus de 1 000 kilomètres de Baie Saint-Paul à Blanc-Sablon forme cette région. Son assise est celle des Laurentides mais le Saint-Laurent conditionne de façon déterminante la présence de plusieurs oiseaux. À Baie Saint-Paul on peut observer des oiseaux aussi méridionaux que le Troglodyte familier et le Moqueur roux; mais à Blanc-Sablon, c'est la toundra et on compte parmi les oiseaux nicheurs de la région le Bruant à couronne blanche et le Sizerin flammé. En hiver toutefois, l'omniprésence des goélands et des garrots sur la côte, du Geai gris et de la Mésange à tête brune en forêt, rend l'homogénéité de l'avifaune plus nette.

7A — Basse Côte-Nord

De Sept-Îles à Blanc-Sablon s'étend une région fascinante, mais difficile d'accès: la Basse Côte-Nord. La plupart des localités ne sont desservies que par avion ou par liaison maritime hebdomadaire.

Cette région pourrait être divisée en deux grands secteurs de part et d'autre du cap Whittle; le secteur occidental est généralement boisé sur la côte, le littoral étant souvent bas et sablonneux; c'est là que se trouvent les célèbres îles Mingan. Dans le secteur oriental, la forêt (coniférienne, il va sans dire) recule peu à peu vers l'intérieur des terres pour laisser place à une côte dénudée, accidentée, et parsemée d'innombrables îles. Plusieurs grosses colonies d'oiseaux marins s'y sont établies.

Blanc-Sablon

Accolée à la frontière du Labrador, Blanc-Sablon est le seul avant-poste de l'écotone arctique présentement accessible par route au Québec (via Terre-Neuve). Quoique loin du cercle arctique, le courant glacial du Labrador y fait régner une température des moins hospitalières; il n'est pas rare de voir d'immenses icebergs dériver au large, même en juillet. Il est naturel que cette atmosphère se reflète sur l'avifaune; le Bruant à couronne blanche y paraît le nicheur le plus commun.

C'est à Blanc-Sablon que se trouve l'île aux Perroquets, nommée non en l'honneur de l'oiseau tropical mais plutôt du macareux (le «perroquet de mer»), et en proie malheureusement trop souvent au braconnage le plus insensé.

Un des atouts de Blanc-Sablon est le traversier qui la relie à Terre-Neuve pendant la courte saison estivale; ce traversier est l'un des mieux situés pour l'observation d'oiseaux pélagiques (puffins et fulmars généralement abondants, pétrels, phalaropes, labbes et alcidés également présents).

OÙ OBSERVER LES OISEAUX DU QUÉBEC

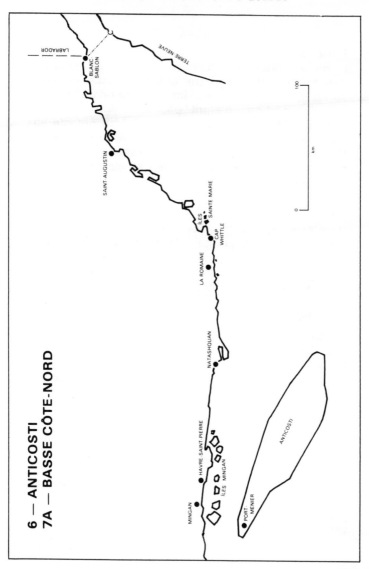

6 — ANTICOSTI
7A — BASSE CÔTE-NORD

Région des îles Sainte-Marie

Entre Saint-Augustin et La Romaine se retrouvent plusieurs sanctuaires d'oiseaux établis par le gouvernement fédéral; ils sont très difficiles d'accès et il n'est certes pas recommandé de les visiter pendant la saison de reproduction: n'étant pas aménagés pour les visiteurs, le moindre dérangement serait néfaste aux oiseaux. Cependant, du navire qui fait la navette sur la côte, on peut constater la présence d'un grand nombre de cormorans, goélands et alcidés dans les eaux environnantes.

Havre-Saint-Pierre

Dernier village au bout de la route nationale, Havre-Saint-Pierre est le point de départ des excursions vers les îles Mingan. On pourra voir dans cette région les oiseaux qu'on trouve rarement ailleurs comme le Huart à gorge rousse et la Sterne arctique.

Sept-Îles

La baie de Sept-Îles, de par son substrat argileux, rappelle beaucoup le Bas Saint-Laurent. Les migrateurs les plus caractéristiques y sont la Bernache cravant au printemps et le Pluvier argenté à l'automne. Une des sept îles de la baie porte une colonie d'oiseaux marins (Cormorans à aigrettes, Mouettes tridactyles, etc.), il s'agit de l'île du Corossol.

7B — Haute Côte-Nord

Marquant pour ainsi dire la fin de la Basse Côte-Nord, le phare de Pointe-des-Monts marque le début d'une rive généralement rocheuse et montagneuse qui va jusqu'à Québec.

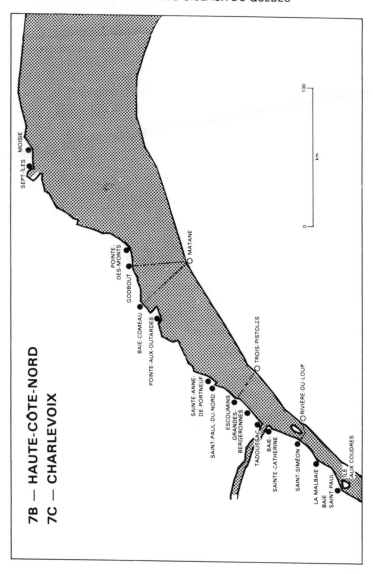

7B — HAUTE-CÔTE-NORD
7C — CHARLEVOIX

Plusieurs villes et villages de la Haute Côte-Nord sont pourvus de sites riches en oiseaux aquatiques: Saint-Paul-du-Nord et ses vasières, ou l'embouchure de la rivière Portneuf avec sa longue île de sable, ou encore la pointe aux Outardes. Règle générale toutes les embouchures de rivière et les ports peuvent se prêter à l'observation d'oiseaux en toute saison.

Baie-Comeau et Godbout sont les points de départ d'un traversier menant à Matane (pour ses possibilités ornithologiques, voir la section Gaspésie).

Escoumins

Les Mouettes tridactyles sont abondantes au large, et il n'est pas rare de les apercevoir dans la baie des Escoumins; cette baie, qui fait face au village, sert de reposoir à plusieurs espèces de goélands parmi lesquels on compte la Mouette de Bonaparte lors des migrations et les Goélands bourgmestres et arctiques en hiver. Les possibilités ornithologiques de la traverse Les Escoumins-Trois-Pistoles ont été décrites dans la section Bas-Saint-Laurent.

Grandes-Bergeronnes

Le petit village de Bergeronnes se mérite lui aussi une place de choix sur l'itinéraire ornithologique de la Côte-Nord. Les embouchures de rivière n'y ont peut-être pas livré tous leurs secrets; si l'on en juge par l'habitat, il devrait être possible d'y trouver régulièrement le Râle jaune ou le Bruant à queue aiguë.

Les concentrations de Canards noirs hivernant à Bergeronnes sont célèbres: à chaque année environ deux mille de ces oiseaux passent l'hiver aux environs des falaises sablonneuses de Bergeronnes (près de l'aéroport), phénomène unique dans l'Estuaire.

On ne peut passer à Bergeronnes sans jeter un coup d'œil dans la baie du parc de Bon Désir (à l'est du village), où nichent plusieurs centaines d'Eiders à duvet et de Goélands argentés.

Tadoussac

Tadoussac est sans doute un endroit dont le potentiel ornithologique n'est pas complètement exploré. Le traversier Tadoussac - Baie Sainte-Catherine, quoiqu'il soit réputé pour l'observation des bélugas (baleines blanches), n'a aucune valeur pour les observations ornithologiques.

Baie Sainte-Catherine vole la vedette à Tadoussac comme lieu de concentration des oiseaux aquatiques, cependant les passereaux, eux, semblent plus faciles d'observation à ce dernier endroit. Il faut se souvenir qu'un grand nombre de passereaux et rapaces migrateurs sont obligés de traverser le fjord du Saguenay, et que Tadoussac constitue donc un bon point de départ ou d'arrivée pour eux. Des concentrations intéressantes de rapaces y ont été vues en octobre lorsque la température se prêtait à leurs migrations.

Les dunes de sable constituent un micro-habitat unique qui explique peut-être la présence de nicheurs occasionnels tels le merle-bleu et le Moqueur polyglotte, ou d'espèces égarées tel le Pic à tête rouge.

7C — Charlevoix

La section de la Côte-Nord qui va de Baie Sainte-Catherine au cap Tourmente est connue sous le nom de Charlevoix.

Baie Sainte-Catherine

Située en face de Tadoussac, Baie Sainte-Catherine est un autre bon point d'observation des oiseaux aquatiques, intéressant tout au long de l'année. C'est l'un des rares endroits de la province où le Pygargue à tête blanche est observé régulièrement en toute saison. Les battures de la pointe aux Alouettes, qui s'étendent au large et sont recouvertes à marée haute, voient des milliers de canards, goélands et oiseaux de rivage s'y rassembler, surtout en migration.

Saint-Siméon

Dans les environs de Saint-Siméon, nous retrouvons deux centres pourvus de sentiers écologiques (Port-au-Saumon, sur la route de La Malbaie, et Les Palissades, sur la route de Chicoutimi); ils sont ouverts au public durant la belle saison et offrent une belle occasion de voir les passereaux et les habitats typiques de la région. Dans les eaux parcourues par le traversier menant à Rivière-du-Loup, seul le Petit Pingouin est digne de mention comme visiteur régulier.

La Malbaie

Le seul attrait ornithologique de La Malbaie réside dans la troupe de goélands présente dans le port en toute saison.

Île aux Coudres

Il est possible de rencontrer des oiseaux de rivage tout autour de l'île, et particulièrement aux deux extrémités.

8 — LAC-SAINT-JEAN

Cette région, qui comprend également le haut Sague-nay, constitue un vaste îlot laurentien de forêts décidues et de terres agricoles au nord du parc des Laurentides. La plupart des oiseaux de la vallée du Saint-Laurent peuvent donc s'y retrouver, certains, comme la Grive des bois ou le Passerin indigo, y étant assez rares et à la limite nord de leur aire de distribution.

Parmi les localités d'intérêt qui s'y trouvent, retenons les deux suivantes :

Saint-Fulgence

Saint-Fulgence, à l'extrémité nord du fjord Saguenay, possède un des rares marais saumâtres de la région ; c'est donc un endroit de choix pour le passage des bécasseaux. On y a découvert le Bruant de Le Conte et le Râle jaune il y a quelques années.

Saint-Gédéon

Saint-Gédéon conserve un marais unique de par la régularité avec laquelle s'y voient des espèces typiques du haut Saint-Laurent, comme la Foulque d'Amérique ou la Guifette noire.

9 — LAURENTIDES

On connaît sous le nom de Laurentides toute la région boisée assise sur le bouclier laurentien ; il s'agit d'une zone relativement montagneuse et homogène couverte de forêts mixtes et conifériennes. Du point de vue ornithologique, ce sont les passereaux qui y retiennent l'attention ; la variété y est impressionnante en été, surtout quand on pense au grand nombre de parulinés qui s'y rencontrent, souvent dans un secteur restreint.

Les Laurentides sont assez bien pourvues en parcs provinciaux, qui sont souvent des lieux de prédilection pour avoir accès aux forêts conifériennes ; les principaux parcs et réserves, ainsi que le parc fédéral de la Mauricie, sont situés sur le schéma ci-contre. Il serait inutile d'entrer dans les détails subtils de leurs caractéristiques ; souvenons-nous seulement que le parc des Laurentides, à cause de son altitude, peut abriter certaines espèces (telles la Grive à joues grises ou la Paruline rayée) qu'il nous faudrait chercher autrement à des latitudes plus élevées.

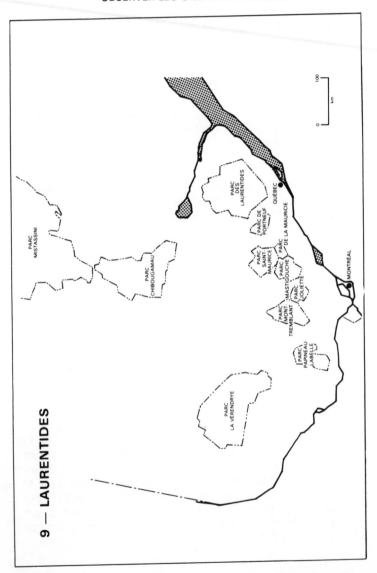

9 — LAURENTIDES

Normand David

Normand David

Terres défrichées et forêts conifériennes, deux éléments du paysage de l'Abitibi.

10 — ABITIBI-TÉMISCAMINGUE

Étant située en plein centre de la zone du bouclier laurentien, l'Abitibi-Témiscamingue porte peu de caractéristiques géographiques proéminentes. Le paysage est généralement assez plat et uniforme, le Témiscamingue étant le prolongement de l'Outaouais tandis qu'une bonne partie de l'Abitibi fait partie du bassin hydrographique de la Baie James.

La région est d'un intérêt certain, surtout de par les affinités qu'elle a avec l'ouest du continent: c'est le premier endroit où la Sturnelle de l'Ouest fut signalée au Québec: Parmi les spécialités locales gardons surtout en mémoire la Gélinotte à queue fine (souvent dans les tourbières et les champs abandonnés), la Paruline à gorge grise (principalement dans les forêts de pin gris) et le Bruant de Le Conte (dans les friches humides). Aux années de grande invasion, le Lagopède des saules s'y rencontre parfois en hiver.

ANNEXE I

ÉTAT DES OISEAUX D'APPARITION RÉGULIÈRE DANS DIX RÉGIONS DU QUÉBEC MÉRIDIONAL

Le tableau qui suit présente la liste des espèces qui peuvent être rencontrées chaque année. Pour chaque région, l'état de chacune est indiqué par une lettre qui correspond à l'une des catégories définies dans le chapitre «Les oiseaux du Québec»:

S : Nicheur sédentaire
R : Nicheur résidant
N : Nicheur migrateur

M : Migrateur
H : Visiteur hivernant
V : Visiteur égaré

Il est important de noter que certains migrateurs réguliers dans les eaux du golfe du Saint-Laurent ne sont que très rarement vus à partir des côtes des régions limitrophes. Ces espèces sont: Fulmar boréal, Puffin majeur, Puffin fuligineux, Puffin des Anglais, Pétrel océanite, Pétrel cul-blanc, Phalarope roux, Labbe pomarin, Labbe parasite, Labbe à longue queue, Mouette de Sabine, Mergule nain.

B-T : Basses-Terres
APP : Appalaches
BSL : Bas-Saint-Laurent
GSP : Gaspésie
I-M : Îles-de-la-Madeleine

ANT : Anticosti
C-N : Côte-Nord
LSJ : Lac-Saint-Jean
LAU : Laurentides
A-T : Abitibi-Témiscamingue

	B-T	APP	BSL	GSP	I-M	ANT	C-N	LSJ	LAU	A-T
Huart à gorge rousse	M	M	M	M	M	N	N	M	M	N
Huart à collier	M	N	N	N	N	N	N	N	N	N
Grèbe à bec bigarré	N	N	N	N	N		V	N	N	M
Grèbe cornu	M	M	M	M	N	N	M	M	M	N
Grèbe jougris	M	M	V	M	M		M	M	M	
Fulmar boréal	V		V	M	M	M	M			
Puffin majeur				M	M	M	M			
Puffin fuligineux			V	M	M	M	M			
Puffin des Anglais					M	M	M			
Pétrel océanite	V	V	V	M	M	M	N			
Pétrel cul-blanc	V	V	V	N	N	V	V			
Fou de Bassan	V	V	V	N	N	N	N		V	
Grand Cormoran	V	M	V	N	N	N	N			
Cormoran à aigrettes	M	N	N	N	N	N	N	M	N	V
Butor d'Amérique	N	N	N	V			V	N	V	N
Petit Butor	N									
Grand Héron	N	N	N	N	N	V	N	N	N	N
Grande Aigrette	V	V	V	V	V		V	V		

	B-T	APP	BSL	GSP	I-M	ANT	C-N	LSJ	LAU	A-T
Aigrette neigeuse	V		V	V	V		V	V	V	
Aigrette bleue	V	V	V	V	V		V	V	V	
Aigrette tricolore	V		V	V	V					V
Héron garde-bœufs	V	V	V	V	V		V	V	V	
Héron vert	N	N	N	V	V			V	V	
Bihoreau à couronne noire	N	N	N	N	V		V	N	V	
Ibis falcinelle	V	V	V	V			V			
Cygne siffleur	M	V			V		V			M
Oie rieuse	M		V	V				V	V	
Oie des neiges	M	M	M	M	V	M	M	V	M	M
Oie de Ross	M		V					M		
Bernache cravant	M	M	M	M	M	M	M	M	M	M
Bernache du Canada	N	M	M	M	M	N	N	M	M	N
Canard branchu	N	N	N	N	V		V	N	N	N
Sarcelle à ailes vertes	N	N	N	N	N	N	N	N	N	N
Canard noir	N	N	N	N	N	N	N	N	N	N
Canard colvert	N	N	N	N	N		N	N	N	N
Canard pilet	N	N	N	N	N	N	N	N	N	N

223

	B-T	APP	BSL	GSP	I-M	ANT	C-N	LSJ	LAU	A-T
Sarcelle à ailes bleues	N	N	N	N	N	M	N	N	N	N
Canard souchet	N	M	N	N	N	V	V	N		N
Canard chipeau	N	M	N	V	V		V	V	N	V
Canard siffleur d'Europe	V	V	V	V			V	V		
Canard siffleur d'Amérique	N	N	M	M	N		M	N	N	N
Morillon à dos blanc	M	M	V	V	V			V		V
Morillon à tête rouge	N	M	V	V	V	N	V	V		V
Morillon à collier	N	N	N	N	N	N	N	N		N
Grand Morillon	M	M	M	M	M	M	M	M	M	M
Petit Morillon	N	M	M	M	M	M	M	M	M	N
Eider à duvet	V	M	N	N	N	N	N	V	M	N
Eider à tête grise	V		M	M	M	M	M			V
Canard arlequin	V		M	N	M	M	M	V	V	
Canard kakawi	M	M	M	H	H	H	H			
Macreuse à bec jaune	M	M	M	M	M	M	M	M	M	M
Macreuse à front blanc	M	M	M	M	M	M	M	M	M	M
Macreuse à ailes blanches	M	M	M	M	M	M	M	M	M	M
Garrot à œil d'or	N	N	N	N	M	N	N	N	N	N

	B-T	APP	BSL	GSP	I-M	ANT	C-N	LSJ	LAU	A-T
Garrot de Barrow	M	M	M	H	H	H	H	M		M
Petit Garrot	M	M	M	M	M		M	M	M	N
Bec-scie couronné	N	N	M	M	M		N	N	N	N
Grand Bec-scie	N	N	N	N	M	N	N	N	N	M
Bec-scie à poitrine rousse	M	M	N	N	N	N	N	M		N
Canard roux	N	>	>	>	>		>	>		>
Urubu à tête rouge	>	>	>	>	>		>	>	>	N
Balbuzard	N	N	N	N	N	N	N	N	N	N
Pygargue à tête blanche	M	M	M	M	>	N	N	M	N	M
Busard Saint-Martin	N	N	N	N	N	N	N	N	N	N
Épervier brun	N	N	N	N	>	>	N	N	N	>
Épervier de Cooper	N	M	>	>	>		>	>	>	>
Autour des palombes	R	R	R	R	R	R	R	R	R	R
Buse à épaulettes	N	N	>	>				N	>	
Petite Buse	N	N	N	>	>		>	N	N	N
Buse à queue rousse	N	N	N	N	M	N	N	N	N	N
Buse pattue	M	M	M	M		M	N	M	M	M
Aigle royal	M	M	M	N		N	N	M	M	M

	B-T	APP	BSL	GSP	I-M	ANT	C-N	LSJ	LAU	A-T
Crécerelle d'Amérique	N	N	N	N	M	N	N	N	N	N
Faucon émerillon	N	N	N	N	N	N	N	N	N	N
Faucon pèlerin	H	N	M	M	M	M	M	M	M	M
Faucon gerfaut	H	H	H	H		H	H	H	H	H
Perdrix grise	S	>							>	
Faisan de chasse	S									
Tétras du Canada		S	S	S			S	S	S	S
Lagopède des saules	>				>		R	H	H	H
Gélinotte huppée	S	S	S	S		S	S	S	S	S
Gélinotte à queue fine	>							>	>	R
Râle jaune	M	M	M	N	M		M	N		M
Râle de Virginie	N	N	N	N	N	>		N	N	N
Râle de Caroline	N	N	N	N	N	>	>	N		N
Poule-d'eau	N	N	>	>		>	>			
Foulque d'Amérique	N	M	>	>	N			>		>
Grue du Canada	M	>	>	>						M
Pluvier argenté	M	M	M	M	M	M	M	M	M	M
Pluvier doré d'Amérique	M	M	M	M	M	M	M	M	M	M

	B-T	APP	BSL	GSP	I-M	ANT	C-N	LSJ	LAU	A-T
Pluvier semipalmé	M	M	M	M	N		N	M	M	M
Pluvier siffleur	>		>	N	N	N	N			
Pluvier kildir	N	N	N	N	N	>	N	N	N	N
Grand Chevalier	M	M	M	M	M	>	N	M	M	M
Petit Chevalier	M	M	M	M	M		M	M	M	M
Chevalier solitaire	M	M	M	M	M	M	>	M	M	M
Chevalier semipalmé	>	N	>	>	>		>	>		
Chevalier branlequeue	N	N	N	N	N	N	N	N	N	N
Maubèche des champs	N		N	>		M	>	>		
Courlis corlieu	M	M	M	M	M	M	M	M		M
Barge hudsonienne	M	M	M	M	M		M	M	M	
Barge marbrée	>	M	>	>	>	>	>	>		>
Tournepierre à collier	M	M	M	M	M	M	M	M	M	M
Bécasseau maubèche	M		M	M	M	M	M	M	M	
Bécasseau sanderling	M	M	M	M	M	M	M	M	M	M
Bécasseau semipalmé	M	M	M	M	M	M	M	M	M	M
Bécasseau d'Alaska	M		M		M	N	M			
Bécasseau minuscule	M	M	M	M	N	N	N	M	M	M

	B-T	APP	BSL	GSP	I-M	ANT	C-N	LSJ	LAU	A-T
Bécasseau à croupion blanc	M	M	M	M	M	M	M	M	M	M
Bécasseau de Baird	M	M	M	M	M	M	M	M	M	M
Bécasseau à poitrine cendrée	M	M	M	M	M	M	M	M	M	M
Bécasseau violet	V	V	M	M	M		M	V		
Bécasseau variable	M	M	M	M	M		M	M	M	M
Bécasseau à échasses	M		M	M	M		M			
Bécasseau roussâtre	M		M	M	M		M	M		
Bécasseau combattant	V		V	V	V		V	V		
Bécasseau roux	M	M	M	M	M	M	M	M		M
Bécassine des marais	N	N	N	N	N	N	N	N		N
Bécasse d'Amérique	N	N	N	V	V	V	V	V	N	V
Phalarope de Wilson	N	V	V	V	V	V	V	V	N	V
Phalarope hyperboréen	M	M	M	M	M	M	M	M	M	
Phalarope roux	V	V	V	M	M	M	M	V		
Labbe pomarin	V		V	M	M		M	V		
Labbe parasite	V		V	M	M	M	M	V		V
Labbe à longue queue	V	V	V	M		M	M	V	V	
Mouette à tête noire	V	V	V	V	V		V	V		

	B-T	APP	BSL	GSP	I-M	ANT	C-N	LSJ	LAU	A-T
Mouette de Franklin	V	V	V				V	V		
Mouette pygmée	N	V	V	V	V		V			
Mouette rieuse	V		V	V	N		V			N
Mouette de Bonaparte	M	M	M	M	M	M	M	N	M	N
Goéland à bec cerclé	N	N	N	N	M	M	N	N	N	N
Goéland argenté	N	N	N	N	N	N	N	N	N	
Goéland arctique	H	H	H	H	H	H	H	H		
Goéland brun	V	V	V	V			V			
Goéland bourgmestre	H	H	H	H	H	H	H	H	V	M
Goéland à manteau noir	N	M	N	N	N	N	N	M		
Mouette tridactyle	V	V	V	N	N	N	N	V		
Mouette de Sabine	V		V	M	M		M			
Mouette blanche	V	V	V	V		V	H	V	V	
Sterne caspienne	V	V	V	V	M		N	V		
Sterne pierregrain	V	N	N	N	N	N	N	N	N	N
Sterne arctique	N		M	M	V	M	N	V		
Guifette noire	M	N	V	V			V	V		
Mergule nain	V	V	V	M	M	M	M			N

	B-T	APP	BSL	GSP	I-M	ANT	C-N	LSJ	LAU	A-T
Marmette de Troïl	>		>	N	N	N	N	>		
Marmette de Brunnich	>	>	>	>	N		M			
Petit Pingouin	>		N	N	N	N	N		>	
Guillemot à miroir	>	>	N	N	N	N	N	>		
Macareux moine	>		>	N	N	N	N			
Pigeon biset	S	S	S	S	S		S	S	S	S
Tourterelle triste	N	N	N	>	>	>	>	N	N	>
Coulicou à bec noir	N	N	N	>	>		>	>	N	>
Coulicou à bec jaune	N	N	>	>	>		>	>	>	
Petit-duc maculé	S	S							>	
Grand-duc d'Amérique	R	R	R	R	R		R	R	R	R
Harfang des neiges	H	H	H	H	H	H	H	H	H	H
Chouette épervière	H	H	H	R	>	>	R	R	R	R
Chouette rayée	S	S	S	S	>		S	S	S	S
Chouette lapone	H	H	H	>			H	H	H	H
Hibou moyen-duc	N	N	N	N	>	N	>	N	N	N
Hibou des marais	N	N	N	N	N		N	N	N	N
Nyctale boréale	H	H	H	R	R	>	R	H	R	>

	B-T	APP	BSL	GSP	I-M	ANT	C-N	LSJ	LAU	A-T
Petite Nyctale	N	N	N	N	N	>	N	N	N	>
Engoulevent d'Amérique	N	N	N	N	>	N	N	N	N	N
Engoulevent bois-pourri	N	N		>			>	>	N	N
Martinet ramoneur	N	N	N	N	>	>	N	N	N	N
Colibri à gorge rubis	N	N	N	N	>	>	N	N	N	N
Martin-pêcheur d'Amérique	N	N	N	N	N	N	N	N	N	N
Pic à tête rouge	N	N	>	>	>		>	>	>	
Pic maculé	N	N	N	N	>	N	N	N	N	N
Pic mineur	R	R	R	R	R	R	R	R	R	R
Pic chevelu	R	R	R	R	R	R	R	R	R	R
Pic tridactyle	H	H	H	R	>	R	R	H	R	
Pic à dos noir	H	R	R	R	>	R	R	R	R	R
Pic flamboyant	N	N	N	N	N	N	N	N	N	N
Grand Pic	S	S	S	S		>	S	S	S	S
Moucherolle à côtés olive	N	N	N	N	N	N	N	N	N	N
Pioui de l'Est	N	N	N	>	>		>	>	N	N
Moucherolle à ventre jaune	M	N	N	N	N	N	N	N	N	N
Moucherolle des aulnes	N	N	N	N	>	N	N	N	N	N

	B-T	APP	BSL	GSP	I-M	ANT	C-N	LSJ	LAU	A-T
Moucherolle des saules	N	N		V					V	N
Moucherolle tchébec	N	N	N	N			N	N	N	V
Moucherolle phébi	N	N	N	V	V	V	V	V	N	V
Tyran huppé	N	N	N	V			V	N	N	V
Tyran tritri	N	N	N	N	V		N	N	N	N
Alouette cornue	N	N	N	N	N	N	N	V	N	N
Hirondelle noire	N	N	N	V	V		V	N	N	
Hirondelle bicolore	N	N	N	N	N	N	N	V	N	N
Hirondelle à ailes hérissées	N	N	N					N	N	N
Hirondelle de rivage	N	N	N	N	N	N	N	N	V	N
Hirondelle à front blanc	N	N	N	N	N	N	N	N	N	N
Hirondelle des granges	N	N	N	N	V	N	N	N	N	N
Geai du Canada	H	R	R	R	V	R	R	R	R	R
Geai bleu	R	R	R	R	R	R	R	R	R	R
Corneille d'Amérique	N	N	N	N	N	N	N	N	N	N
Grand Corbeau	S	S	S	S	S	S	S	S	S	S
Mésange à tête noire	R	R	R	R	R	R	R	R	R	R
Mésange à tête brune	H	R	R	R	R	R	R	R	R	R

	B-T	APP	BSL	GSP	I-M	ANT	C-N	LSJ	LAU	A-T
Sittelle à poitrine rousse	R	R	R	R	R	R	R	R	R	R
Sittelle à poitrine blanche	S	S	S	V			V	V	S	V
Grimpereau brun	N	N	N	N	N	N	N	N	N	N
Troglodyte de Caroline	N	V	N	V						
Troglodyte familier	N	N	N	V	N	N		N	N	N
Troglodyte des forêts	N	N		N			N	N	N	N
Troglodyte à bec court	N	N	V			N			V	
Troglodyte des marais	N	N	N	N	N		V	N	N	N
Roitelet à couronne dorée	N	N	N	N	N	N	N	N	N	N
Roitelet à couronne rubis	N	N	V	V		N	N	V	N	N
Gobe-moucherons gris-bleu	N	V	N	N	V		V	N		N
Merle-bleu de l'Est	N	N	N	N	N	V	N	N	N	N
Grive fauve	N	N	M	N	N	V	N	M	N	M
Grive à joues grises	M	N	N	N	N		N	N	N	N
Grive à dos olive	N	N	N	N	N	N	N	N	N	N
Grive solitaire	N	N	V	V		N	N	N	N	N
Grive des bois	N	N	N	N	N		V	V	N	V
Merle d'Amérique	N	N	N	N	N	N	N	N	N	N

	B-T	APP	BSL	GSP	I-M	ANT	C-N	LSJ	LAU	A-T
Moqueur chat	N	N	N	>	>			N	N	>
Moqueur polyglotte	N	N	N	N	>	>	>	N	N	N
Moqueur roux	N	N	>	>	>		N	>	>	>
Pipit spioncelle	M	M	M	N	M	M	>	M	M	M
Jaseur boréal	H	H	H	H			H	H	H	H
Jaseur des cèdres	N	N	N	N	N	>	H	N	N	N
Pie-grièche grise	H	H	H	H	H	H	N	H	H	H
Pie-grièche migratrice	N	N	N	>			H		>	>
Étourneau sansonnet	N	N	N	N	N	N		N	N	N
Viréo à tête bleue	N	N	N	N	>	N	N	N	N	N
Viréo à gorge jaune	N	N					N	>	>	>
Viréo mélodieux	N	N	N	>		>		>	>	>
Viréo de Philadelphie	N	N	N	N	>	N	N	N	N	N
Viréo aux yeux rouges	N	>	>	N	N	N	N	N	N	N
Paruline à ailes dorées	N	N	N						>	
Paruline obscure	M	N	N	N	N	N	N	N	N	N
Paruline verdâtre	M	M	M	M	M		M	M	N	M
Paruline à joues grises	N	N	N	N	N	N	N	N	N	N

	B-T	APP	BSL	GSP	I-M	ANT	C-N	LSJ	LAU	A-T
Paruline à collier	N	N	N	N	>	>	>	N	N	N
Paruline jaune	N	N	N	N	N	N	N	N	N	N
Paruline à flancs marron	N	N	N	N	N		N	N	N	N
Paruline à tête cendrée	N	N	N	N	N	N	N	N	N	N
Paruline tigrée	N	N	N	N	>	>	>	N	N	N
Paruline bleue à gorge noire	N	N	N	N	>	>	>	N	N	N
Paruline à croupion jaune	N	N	N	N	N	N	N	N	N	N
Paruline verte à gorge noire	N	N	N	N	N	N	N	N	N	N
Paruline à gorge orangée	N	N	>		N		>	>	>	>
Paruline des pins	N	M	N	N	N			N	N	N
Paruline à couronne rousse	N	N	N	N	N	N	N	N	N	N
Paruline à poitrine baie	M	N	M	N	N	N	N	M	N	M
Paruline rayée	N	N	N							
Paruline azurée	N	>	N							
Paruline noir et blanc	N	N	N	N	N	N	N	N	N	N
Paruline flamboyante	N	N	N	N	N	N	N	N	N	N
Paruline couronnée	N	N	N	N	N	N	N	N	N	N
Paruline des ruisseaux	N	N	N	N	N	N	N	N	N	N

	B-T	APP	BSL	GSP	I-M	ANT	C-N	LSJ	LAU	A-T
Paruline à gorge grise	M						V		V	
Paruline triste	N	N	N	N	N	N	N	N	N	N
Paruline masquée	N	N	N	N	N	N	N	N	N	N
Paruline à calotte noire	N	N	N	N	M	N	N	N	N	N
Paruline du Canada	N	N	N	N	M	N	N	N	N	N
Tangara écarlate	N	N	N	V	V		V	V	N	N
Cardinal rouge	S	S	V	V	V		V	V	V	V
Cardinal à poitrine rose	N	N	N	N	V		V	N	N	N
Passerin indigo	N	N	V	V	V	V	V	N	N	M
Tohi à flancs roux	N	N	V	V	V		N	V	V	N
Bruant hudsonien	H	H	M	M	M	M	N	M	M	V
Bruant familier	N	N	N	N	N	N	N	N	N	N
Bruant des plaines	N	N	V	V	V		V	V	V	N
Bruant des champs	N	N	V	V	V		N	V	N	
Bruant vespéral	N	N	N	N	N			N	N	
Bruant des prés	N	N	N	N		N		N	N	
Bruant sauterelle	N									
Bruant de Le Conte	V							N		N

	B-T	APP	BSL	GSP	I-M	ANT	C-N	LSJ	LAU	A-T
Bruant à queue aiguë	N	V	N	N	N		V	V		
Bruant fauve	M	M	N	N	N	N	N	M	M	M
Bruant chanteur	N	N	N	N	N	N	N	N	N	N
Bruant de Lincoln	N	N	N	N	N	N	N	N	N	N
Bruant des marais	N	N	N	N	N	N	N	N	N	N
Bruant à gorge blanche	N	N	N	N	N	N	N	N	N	N
Bruant à couronne blanche	M	M	M	M	M	M	N	M	M	M
Junco ardoisé	N	N	N	N	N	N	N	N	N	N
Bruant lapon	M	M	M	M	M	M	M	M	M	M
Bruant des neiges	H	H	H	H	H	H	H	H	H	H
Goglu	N	N	N	N	N	V	V	N	N	N
Carouge à épaulettes	N	N	N	N	N	V	N	N	N	N
Sturnelle des prés	N	N	N	V	V		V	N	V	V
Quiscale rouilleux	N	N	N	N	N	N	N	N	N	N
Quiscale bronzé	N	N	N	N	N	N	N	N	N	N
Vacher à tête brune	N	N	N	N	N	N	N	N	N	N
Oriole du Nord	N	N	N	V	V		V	V	N	N
Dur-bec des pins	H	R	R	R	R	R	R	R	R	R

237

	B-T	APP	BSL	GSP	I-M	ANT	C-N	LSJ	LAU	A-T
Roselin pourpré	N	N	N	N	N	N	N	N	N	N
Roselin familier	N	N								
Bec-croisé rouge	R	R	R	R	V	V	V	V	V	V
Bec-croisé à ailes blanches	H	R	R	R	R	R	R	R	R	R
Sizerin flammé	H	H	H	H	H		H	H	H	H
Sizerin blanchâtre	H	H	H					H	H	H
Chardonneret des pins	R	R	R	R	R	R	R	R	R	R
Chardonneret jaune	N	N	N	N	N	N	N	N	N	N
Gros-bec errant	R	R	R	R	R	R	R	R	R	R
Moineau domestique	S	S	S	S	S	S	S	S	S	S

ANNEXE II

NOMS SCIENTIFIQUES, AMÉRICAINS ET FRANÇAIS DES OISEAUX DU QUÉBEC

Cette liste mentionne les espèces rencontrées à l'état sauvage au Québec ainsi que les espèces acclimatées. Les noms scientifiques et américains sont ceux proposés par l'*American Ornithologists' Union*. Les noms français sont tirés de Ouellet et Gosselin (*Les noms français des oiseaux d'Amérique du Nord.* Syllogeus n° 43, Musée national des sciences naturelles, Ottawa, 1983).

Famille Gaviidae

Gavia stellata	Red-throated Loon	Huart à gorge rousse
Gavia arctica	Arctic Loon	Huart arctique
Gavia immer	Common Loon	Huart à collier

Famille Popicipedidae

Podilymbus podiceps	Pied-billed Grebe	Grèbe à bec bigarré
Podiceps auritus	Horned Grebe	Grèbe cornu
Podiceps grisegena	Red-necked Grebe	Grèbe jougris
Aechmophorus occidentalis	Western Grebe	Grèbe élégant

Famille Diomedeidæ

Diomedea chlororhynchos	Yellow-nosed Albatross	Albatros à nez jaune

Famille Procellariidæ

Fulmarus glacialis	Northern Fulmar	Fulmar boréal
Calonectris diomedea	Cory's Shearwater	Puffin cendré
Puffinus gravis	Greater Shearwater	Puffin majeur
Puffinus griseus	Sooty Shearwater	Puffin fuligineux
Puffinus puffinus	Manx Shearwater	Puffin des Anglais

Famille Hydrobatidae
Oceanites oceanicus — Wilson's Storm-Petrel — Pétrel océanite
Oceanodroma leucorhoa — Leach's Storm-Petrel — Pétrel cul-blanc

Famille Sulidae
Sula bassanus — Northern Gannet — Fou de Bassan

Famille Pelecanidae
Pelecanus erythrorhynchos — American White Pelican — Pélican blanc d'Amérique

Famille Phalacrocoracidae
Phalacrocorax carbo — Great Cormorant — Grand Cormoran
Phalacrocorax auritus — Double-crested Cormorant — Cormoran à aigrettes

Famille Ardeidae
Botaurus lentiginosus — American Bittern — Butor d'Amérique
Ixobrychus exilis — Least Bittern — Petit Butor
Ardea herodias — Great Blue Heron — Grand Héron
Casmerodius albus — Great Egret — Grande Aigrette
Egretta garzetta — Little Egret — Aigrette garzette
Egretta thula — Snowy Egret — Aigrette neigeuse
Egretta caerulea — Little Blue Heron — Aigrette bleue

Egretta tricolor	Tricolored Heron	Aigrette tricolore
Bubulcus ibis	Cattle Egret	Héron garde-bœufs
Butorides striatus	Green-backed Heron	Héron vert
Nycticorax nycticorax	Black-crowned Night-Heron	Bihoreau à couronne noire
Nycticorax violaceus	Yellow-crowned Night-Heron	Bihoreau violacé

Famille Threskiornithidae

Eudocimus albus	White Ibis	Ibis blanc
Plegadis falcinellus	Glossy Ibis	Ibis falcinelle

Famille Phoenicopteridae

Phoenicopterus ruber	Greater Flamingo	Flamant rose

Famille Anatidae

Dendrocygna bicolor	Fulvous Whistling-Duck	Dendrocygne fauve
Dendrocygna autumnalis	Black-bellied Whistling-Duck	Dendrocygne à ventre noir
Cygnus columbianus	Tundra Swan	Cygne siffleur
Cygnus buccinator	Trumpeter Swan	Cygne trompette
Cygnus olor	Mute Swan	Cygne tuberculé
Anser fabalis	Bean Goose	Oie des moissons
Anser albifrons	Greater White-fronted Goose	Oie rieuse
Chen caerulescens	Snow Goose	Oie des neiges
Chen rossii	Ross' Goose	Oie de Ross
Branta bernicla	Brant	Bernache cravant

Branta leucopsis	Barnacle Goose	Bernache nonnette
Branta candensis	Canada Goose	Bernache du Canada
Tadorna ferruginea	Ruddy Shelduck	Tadorne casarca
Tadorna tadorna	Common Shelduck	Tadorne de Belon
Aix sponsa	Wood Duck	Canard branchu
Anas crecca	Green-winged Teal	Sarcelle à ailes vertes
Anas rubripes	American Black Duck	Canard noir
Anas platyrhynchos	Mallard	Canard colvert
Anas acuta	Northern Pintail	Canard pilet
Anas querquedula	Garganey	Sarcelle d'été
Anas discors	Blue-winged Teal	Sarcelle à ailes bleues
Anas cyanoptera	Cinnamon Teal	Sarcelle cannelle
Anas clypeata	Northern Shoveler	Canard souchet
Anas strepera	Gadwall	Canard chipeau
Anas penelope	Eurasian Wigeon	Canard siffleur d'Europe
Anas americana	American Wigeon	Canard siffleur d'Amérique
Aythya valisineria	Canvasback	Morillon à dos blanc
Aythya americana	Redhead	Morillon à tête rouge
Aythya collaris	Ring-necked Duck	Morillon à collier
Aythya fuligula	Tufted Duck	Fuligule morillon
Aythya marila	Greater Scaup	Grand Morillon
Aythya affinis	Lesser Scaup	Petit Morillon
Somateria mollissima	Common Eider	Eider à duvet

Somateria spectabilis	King Eider	Eider à tête grise
Polysticta stelleri	Steller's Eider	Eider de Steller
Comptorhynchus labradorius	Labrador Duck	Canard du Labrador
Histrionicus histrionicus	Harlequin Duck	Canard arlequin
Clangula hyemalis	Oldsquaw	Canard kakawi
Melanitta nigra	Black Scoter	Macreuse à bec jaune
Melanitta perspicillata	Surf Scoter	Macreuse à front blanc
Melanitta fusca	White-winged Scoter	Macreuse à ailes blanches
Bucephala clangula	Common Goldeneye	Garrot à œil d'or
Bucephala islandica	Barrow's Goldeneye	Garrot de Barrow
Bucephala albeola	Bufflehead	Petit Garrot
Mergellus albellus	Smew	Harle piette
Lophodytes cucullatus	Hooded Merganser	Bec-scie couronné
Mergus merganser	Common Merganser	Grand Bec-scie
Mergus serrator	Red-breasted Merganser	Bec-scie à poitrine rousse
Oxyura jamaicensis	Ruddy Duck	Canard roux

Famille **Cathartidæ**

Coragyps atratus	Black Vulture	Urubu noir
Cathartes aura	Turkey Vulture	Urubu à tête rouge

Famille Accipitridae

Pandion haliaetus	Osprey	Balbuzard
Elanoides forficatus	American Swallow-tailed Kite	Milan à queue fourchue
Haliaeetus leucocephalus	Bald Eagle	Pygargue à tête blanche
Circus cyaneus	Northern Harrier	Busard Saint-Martin
Accipiter striatus	Sharp-shinned Hawk	Épervier brun
Accipiter cooperii	Cooper's Hawk	Épervier de Cooper
Accipiter gentilis	Northern Goshawk	Autour des palombes
Buteo lineatus	Red-shouldered Hawk	Buse à épaulettes
Buteo platypterus	Broad-winged Hawk	Petite Buse
Buteo swainsoni	Swainson's Hawk	Buse de Swainson
Buteo jamaicensis	Red-tailed Hawk	Buse à queue rousse
Buteo lagopus	Rough-legged Hawk	Buse pattue
Aquila chrysaetos	Golden Eagle	Aigle royal

Famille Falconidae

Falco sparverius	American Kestrel	Crécerelle d'Amérique
Falco columbarius	Merlin	Faucon émerillon
Falco peregrinus	Peregine Falcon	Faucon pèlerin
Falco rusticolus	Gyrfalcon	Faucon gerfaut

Famille **Phasianidæ**

Perdix perdix	Gray Partridge	Perdrix grise
Phasianus colchicus	Ring-necked Pheasant	Faisan de chasse
Dendragapus canadensis	Spruce Grouse	Tétras du Canada
Lagopus lagopus	Willow Ptarmigan	Lagopède des saules
Lagopus mutus	Rock Ptarmigan	Lagopède des rochers
Bonasa umbellus	Ruffed Grouse	Gélinotte huppée
Tympanuchus phasianellus	Sharp-tailed Grouse	Gélinotte à queue fine
Meleagris gallopavo	Wild Turkey	Dindon sauvage
Colinus virginianus	Northern Bobwhite	Colin de Virginie

Famille **Rallidæ**

Coturnicops noveboracensis	Yellow Rail	Râle jaune
Laterallus jamaicensis	Black Rail	Râle noir
Rallus elegans	King Rail	Râle élégant
Rallus limicola	Virginia Rail	Râle de Virginie
Porzana carolina	Sora	Râle de Caroline
Porphyrula martinica	Purple Gallinule	Gallinule violacée
Gallinula chloropus	Common Moorhen	Poule-d'eau
Fulica americana	American Coot	Foulque d'Amérique

Famille **Gruidæ**

Grus canadensis	Sandhill Crane	Grue du Canada

Famille Charadriidae

Vanellus vanellus	Northern Lapwing	Vanneau huppé
Pluvialis squatarola	Black-bellied Plover	Pluvier argenté
Pluvialis dominica	Lesser Golden-Plover	Pluvier doré d'Amérique
Charadrius semipalmatus	Semipalmated Plover	Pluvier semipalmé
Charadrius melodus	Piping Plover	Pluvier siffleur
Charadrius vociferus	Killdeer	Pluvier kildir

Famille Haematopodidae

Haematopus palliatus	American Oystercatcher	Huîtrier d'Amérique

Famille Recurvirostridae

Recurvirostra americana	American Avocet	Avocette d'Amérique

Famille Scolopacidae

Tringa melanoleuca	Greater Yellowlegs	Grand Chevalier
Tringa flavipes	Lesser Yellowlegs	Petit Chevalier
Tringa solitaria	Solitary Sandpiper	Chevalier solitaire
Catoptrophorus semipalmatus	Willet	Chevalier semipalmé
Actitis macularia	Spotted Sandpiper	Chevalier branlequeue
Bartramia longicauda	Upland Sandpiper	Maubèche des champs

Numenius borealis	Eskimo Curlew	Courlis esquimau
Numenius phaeopus	Wimbrel	Courlis corlieu
Numenius americanus	Long-billed Curlew	Courlis à long bec
Limosa limosa	Black-tailed Godwit	Barge à queue noire
Limosa haemastica	Hudsonian Godwit	Barge hudsonienne
Limosa fedoa	Marbled Godwit	Barge marbrée
Arenaria interpres	Ruddy Turnstone	Tournepierre à collier
Calidris canutus	Red Knot	Bécasseau maubèche
Calidris alba	Sanderling	Bécasseau sanderling
Calidris pusilla	Semipalmated Sandpiper	Bécasseau semipalmé
Calidris mauri	Western Sandpiper	Bécasseau d'Alaska
Calidris minutilla	Least Sandpiper	Bécasseau minuscule
Calidris fuscicollis	White-rumped Sandpiper	Bécasseau à croupion blanc
Calidris bairdii	Baird's Sandpiper	Bécasseau de Baird
Calidris melanotos	Pectoral Sandpiper	Bécasseau à poitrine cendrée
Calidris maritima	Purple Sandpiper	Bécasseau violet
Calidris alpina	Dunlin	Bécasseau variable
Calidris ferruginea	Curlew Sandpiper	Bécasseau cocorli
Calidris himantopus	Stilt Sandpiper	Bécasseau à échasses
Tryngites subruficollis	Buff-breasted Sandpiper	Bécasseau roussâtre
Philomachus pugnax	Ruff	Bécasseau combattant
Limnodromus griseus	Short-billed Dowitcher	Bécasseau roux

Limnodromus scolopaceus	Long-billed Dowitcher	Bécasseau à long bec
Gallinago gallinago	Common Snipe	Bécassine des marais
Scolopax rusticola	Eurasian Woodcock	Bécasse des bois
Scolopax minor	American Woodcock	Bécasse d'Amérique
Phalaropus tricolor	Wilson's Phalarope	Phalarope de Wilson
Phalaropus lobatus	Red-necked Phalarope	Phalarope hyperboréen
Phalaropus fulicaria	Red Phalarope	Phalarope roux

Famille Laridæ

Stercorarius pomarinus	Pomarine Jaeger	Labbe pomarin
Stercorarius parasiticus	Parasitic Jaeger	Labbe parasite
Stercorarius longicaudus	Long-tailed Jaeger	Labbe à longue queue
Larus atricilla	Laughing Gull	Mouette à tête noire
Larus pipixcan	Franklin's Gull	Mouette de Franklin
Larus minutus	Little Gull	Mouette pygmée
Larus ridibundus	Common Black-headed Gull	Mouette rieuse
Larus philadelphia	Bonaparte's Gull	Mouette de Bonaparte
Larus canus	Mew Gull	Goéland cendré
Larus delawarensis	Ring-billed Gull	Goéland à bec cerclé
Larus argentatus	Herring Gull	Goéland argenté
Larus thayeri	Thayer's Gull	Goéland de Thayer
Larus glaucoides	Iceland Gull	Goéland arctique
Larus fuscus	Lesser Black-backed Gull	Goéland brun

Larus hyperboreus	Glaucous Gull	Goéland bourgmestre
Larus marinus	Great Black-backed Gull	Goéland à manteau noir
Rissa tridactyla	Black-legged Kittiwake	Mouette tridactyle
Xema sabini	Sabine's Gull	Mouette de Sabine
Pagophila eburnea	Ivory Gull	Mouette blanche
Sterna caspia	Caspian Tern	Sterne caspienne
Sterna dougallii	Roseate Tern	Sterne de Dougall
Sterna hirundo	Common Tern	Sterne pierregarin
Sterna paradisaea	Arctic Tern	Sterne arctique
Sterna forsteri	Forster's Tern	Sterne de Forster
Chlidonias niger	Black Tern	Guifette noire
Rynchops niger	Black Skimmer	Bec-en-ciseaux noir

Famille Alcidæ

Alle alle	Dovekie	Mergule nain
Uria aalge	Common Murre	Marmette de Troïl
Uria lomvia	Thick-billed Murre	Marmette de Brünnich
Alca torda	Razorbill	Petit Pingouin
Pinguinus impennis	Great Auk	Grand Pingouin
Cepphus grylle	Black Guillemot	Guillemot à miroir
Brachyramphus marmoratus	Marbled Murrelet	Alque marbrée
Synthliboramphus antiquus	Ancien Murrelet	Alque à cou blanc
Fratercula arctica	Atlantic Puffin	Macareux moine

Famille Columbidae

Columba livia	Rock Dove	Pigeon biset
Zenaida macroura	Mourning Dove	Tourterelle triste
Ectopistes migratorius	Passenger Pigeon	Tourte

Famille Cuculidae

Coccyzus erythropthalmus	Black-billed Cuckoo	Coulicou à bec noir
Coccyzus americanus	Yellow-billed Cuckoo	Coulicou à bec jaune

Famille Tytonidae

Tyto alba	Common Barn-Owl	Effraie des clochers

Famille Strigidae

Otus asio	Eastern Screech-Owl	Petit-duc maculé
Bubo virginianus	Great Horned Owl	Grand-duc d'Amérique
Nyctea scandiaca	Snowy Owl	Harfang des neiges
Surnia ulula	Northern Hawk-Owl	Chouette épervière
Athene cunicularia	Burrowing Owl	Chouette des terriers
Strix varia	Barred Owl	Chouette rayée
Strix nebulosa	Great Gray Owl	Chouette lapone
Asio otus	Long-eared Owl	Hibou moyen-duc
Asio flammeus	Short-eared Owl	Hibou des marais

Aegolius funereus — Boreal Owl — Nyctale boréale
Aegolius acadicus — Northern Saw-whet Owl — Petite Nyctale

Famille Caprimulgidæ
Chordeiles minor — Common Nighthawk — Engoulevent d'Amérique
Caprimulgus carolinensis — Chuck-will's-widow — Engoulevent de Caroline
Caprimulgus vociferus — Whip-poor-will — Engoulevent bois-pourri

Famille Apodidæ
Chætura pelagica — Chimney Swift — Martinet ramoneur

Famille Trochilidæ
Archilochus colubris — Ruby-throated Hummingbird — Colibri à gorge rubis

Famille Alcedinidæ
Ceryle alcyon — Belted Kingfisher — Martin-pêcheur d'Amérique

Famille Picidæ
Melanerpes erythrocephalus — Red-headed Woodpecker — Pic à tête rouge
Melanerpes carolinus — Red-bellied Woodpecker — Pic à ventre roux
Sphyrapicus varius — Yellow-bellied Sapsucker — Pic maculé
Picoides pubescens — Downy Woodpecker — Pic mineur

Picoides villosus	Hairy Woodpecker	Pic chevelu
Picoides tridactylus	Three-toed Woodpecker	Pic tridactyle
Picoides arcticus	Black-backed Woodpecker	Pic à dos noir
Colaptes auratus	Northern Flicker	Pic flamboyant
Dryocopus pileatus	Pileated Woodpecker	Grand Pic

Famille Tyrannidæ

Contopus borealis	Olive-sided Flycatcher	Moucherolle à côtés olive
Contopus virens	Eastern Wood-Pewee	Pioui de l'Est
Empidonax flaviventris	Yellow-bellied Flycatcher	Moucherolle à ventre jaune
Empidonax virescens	Acadian Flycatcher	Moucherolle vert
Empidonax alnorum	Alder Flycatcher	Moucherolle des aulnes
Empidonax traillii	Willow Flycatcher	Moucherolle des saules
Empidonax minimus	Least Flycatcher	Moucherolle tchébec
Sayornis phoebe	Eastern Phoebe	Moucherolle phébi
Sayornis saya	Say's Phoebe	Moucherolle à ventre roux
Myiarchus cinerascens	Ash-throated Flycatcher	Tyran à gorge cendrée
Myiarchus crinitus	Great Crested Flycatcher	Tyran huppé
Tyrannus verticalis	Western Kingbird	Tyran de l'Ouest
Tyrannus tyrannus	Eastern Kingbird	Tyran tritri
Tyrannus forficatus	Scissor-tailed Flycatcher	Tyran à longue queue
Tyrannus savana	Fork-tailed Flycatcher	Tyran à queue fourchue

Famille Alaudidae
Eremophila alpestris — Horned Lark — Alouette cornue

Famille Hirundinidae
Progne subis — Purple Martin — Hirondelle noire
Tachycineta bicolor — Tree Swallow — Hirondelle bicolore
Stelgidopteryx serripennis — Northern Rough-winged Swallow — Hirondelle à ailes hérissées

Riparia riparia — Bank Swallow — Hirondelle de rivage
Hirundo pyrrhonota — Cliff Swallow — Hirondelle à front blanc
Hirundo rustica — Barn Swallow — Hirondelle des granges

Famille Corvidae
Perisoreus canadensis — Gray Jay — Geai du Canada
Cyanocitta stelleri — Steller's Jay — Geai de Steller
Cyanocitta cristata — Blue Jay — Geai bleu
Pica pica — Black-billed Magpie — Pie bavarde
Corvus brachyrhynchos — American Crow — Corneille d'Amérique
Corvus corax — Common Raven — Grand Corbeau

Famille Paridae
Parus atricapillus — Black-capped Chickadee — Mésange à tête noire

Parus hudsonicus	Boreal Chickadee	Mésange à tête brune
Parus bicolor	Tufted Titmouse	Mésange bicolore

Famille Sittidæ

Sitta canadensis	Red-breasted Nuthatch	Sitelle à poitrine rousse
Sitta carolinensis	White-breasted Nuthatch	Sitelle à poitrine blanche

Famille Certhiidæ

Certhia americana	Brown Creeper	Grimpereau brun

Famille troglodytidæ

Thryothorus ludovicianus	Carolina Wren	Troglodyte de Caroline
Troglodytes ædon	House Wren	Troglodyte familier
Troglodytes troglodytes	Winter Wren	Troglodyte des forêts
Cistothorus platensis	Sedge Wren	Troglodyte à bec court
Cistothorus palustris	Marsh Wren	Troglodyte des marais

Famille Muscicapidæ

Regulus satrapa	Golden-crowned Kinglet	Roitelet à couronne dorée
Regulus calendula	Ruby-crowned Kinglet	Roitelet à couronne rubis
Polioptila cærulea	Blue-gray Gnatcatcher	Gobe-moucherons gris-bleu
Oenanthe œnanthe	Northern Wheatear	Traquet motteux

Sialia sialis	Eastern Bluebird	Merle-bleu de l'Est
Sialia currucoides	Mountain Bluebird	Merle-bleu azuré
Myadestes townsendi	Townsend's Solitaire	Solitaire de Townsend
Catharus fuscescens	Veery	Grive fauve
Catharus minimus	Gray-cheeked Thrush	Grive à joues grises
Catharus ustulatus	Swainson's Trush	Grive à dos olive
Catharus guttatus	Hermit Thrush	Grive solitaire
Hylocichla mustelina	Wood Thrush	Grive des bois
Turdus merula	Eurasian Blackbird	Merle noir
Turdus pilaris	Fieldfare	Grive litorne
Turdus migratorius	American Robin	Merle d'Amérique
Ixoreus naevius	Varied Thrush	Grive à collier

Famille Mimidæ

Dumetella carolinensis	Gray Catbird	Moqueur chat
Mimus polyglottos	Northern Mockingbird	Moqueur polyglotte
Toxostoma rufum	Brown Thrasher	Moqueur roux

Famille Motacillidæ

Anthus spinoletta	Water Pipit	Pipit spioncelle

Famille Bombycillidæ

Bombycilla garrulus — Bohemian Waxwing — Jaseur boréal
Bombycilla cedrorum — Cedar Waxwing — Jaseur des cèdres

Famille Laniidae

Lanius excubitor — Northern Shrike — Pie-grièche grise
Lanius ludovicianus — Loggerhead Shrike — Pie-grièche migratrice

Famille Sturnidæ

Sturnus vulgaris — European Starling — Étourneau sansonnet

Famille Vireonidæ

Vireo griseus — White-eyed Vireo — Viréo aux yeux blancs
Vireo solitarius — Solitary Vireo — Viréo à tête bleue
Vireo flavifrons — Yellow-throated Vireo — Viréo à gorge jaune
Vireo gilvus — Warbling Vireo — Viréo mélodieux
Vireo philadelphicus — Philadelphia Vireo — Viréo de Philadelphie
Vireo olivaceus — Red-eyed Vireo — Viréo aux yeux rouges

Famille Emberizidæ

Vermivora pinus — Blue-winged Warbler — Paruline à ailes bleues
Vermivora chrysoptera — Golden-winged Warbler — Paruline à ailes dorées

Vermivora peregrina	Tennessee Warbler	Paruline obscure
Vermivora celata	Orange-crowned Warbler	Paruline verdâtre
Vermivora ruficapilla	Nashville Warbler	Paruline à joues grises
Parula americana	Northern Parula	Paruline à collier
Dendroica petechia	Yellow Warbler	Paruline jaune
Dendroica pensylvanica	Chestnut-sided Warbler	Paruline à flancs marron
Dendroica magnolia	Magnolia Warbler	Paruline à tête cendrée
Dendroica tigrina	Cape May Warbler	Paruline tigrée
Dendroica caerulescens	Black-throated Blue Warbler	Paruline bleue à gorge noire
Dendroica coronata	Yellow-rumped Warbler	Paruline à croupion jaune
Dendroica occidentalis	Hermit Warbler	Paruline à tête jaune
Dendroica virens	Black-throated Green Warbler	Paruline verte à gorge noire
Dendroica fusca	Blackburnian Warbler	Paruline à gorge orangée
Dendroica dominica	Yellow-throated Warbler	Paruline à gorge jaune
Dendroica pinus	Pine Warbler	Paruline des pins
Dendroica kirtlandii	Kirtland's Warbler	Paruline de Kirtland
Dendroica discolor	Prairie Warbler	Paruline des prés
Dendroica palmarum	Palm Warbler	Paruline à couronne rousse
Dendroica castanea	Bay-breasted Warbler	Paruline à poitrine baie
Dendroica striata	Blackpoll Warbler	Paruline rayée
Dendroica cerulea	Cerulean Warbler	Paruline azurée
Mniotilta varia	Black-and-white Warbler	Paruline noir et blanc

Setophaga ruticilla	American Redstart
Protonotaria citrea	Prothonotary Warbler
Helmitheros vermivorus	Worm-eating Warbler
Seiurus aurocapilus	Ovenbird
Seiurus noveboracensis	Northern Waterthrush
Seiurus motacilla	Louisiana Watertrush
Oporornis formosus	Kentucky Warbler
Oporornis agilis	Connecticut Warbler
Oporornis philadelphia	Mourning Warbler
Geothlypis trichas	Common Yellowthroat
Wilsonia citrina	Hooded Warbler
Wilsonia pusilla	Wilson's Warbler
Wilsonia canadensis	Canada Warbler
Icteria virens	Yellow-breasted Chat
Piranga rubra	Summer Tanager
Piranga olivacea	Scarlet Tanager
Piranga ludoviciana	Western Tanager
Cardinalis cardinalis	Northern Cardinal
Pheucticus ludovicianus	Rose-breasted Grosbeak
Guiraca cærulea	Blue Grosbeak
Passerina cyanea	Indigo Bunting
Spiza americana	Dickcissel
Pipilo chlorurus	Green-tailed Towhee

Paruline flamboyante
Paruline orangée
Paruline vermivore
Paruline couronnée
Paruline des ruisseaux
Paruline hochequeue
Paruline du Kentucky
Paruline à gorge grise
Paruline triste
Paruline masquée
Paruline à capuchon
Paruline à calotte noire
Paruline du Canada
Paruline polyglotte
Tangara vermillon
Tangara écarlate
Tangara à tête rouge
Cardinal rouge
Cardinal à poitrine rose
Passerin bleu
Passerin indigo
Dickcissel
Tohi à queue verte

Pipilo erythrophthalmus	Rufous-sided Towhee	Tohi à flancs roux
Spizella arborea	American Tree Sparrow	Bruant hudsonien
Spizella passerina	Chipping Sparrow	Bruant familier
Spizella pallida	Clay-colored Sparrow	Bruant des plaines
Spizella pusilla	Field Sparrow	Bruant des champs
Pooecetes gramineus	Vesper Sparrow	Bruant vespéral
Chondestes grammacus	Lark Sparrow	Bruant à joues marron
Calamospiza melanocorys	Lark Bunting	Bruant noir et blanc
Passerculus sandwichensis	Savannah Sparrow	Bruant des prés
Ammodramus savannarum	Grasshopper Sparrow	Bruant sauterelle
Ammodramus henslowii	Henslow's Sparrow	Bruant de Henslow
Ammodramus leconteii	Le Conte's Sparrow	Bruant de Le Conte
Ammodramus caudacutus	Sharp-tailed Sparrow	Bruant à queue aiguë
Passerella iliaca	Fox Sparrow	Bruant fauve
Melospiza melodia	Song Sparrow	Bruant chanteur
Melospiza lincolnii	Lincoln's Sparrow	Bruant de Lincoln
Melospiza georgiana	Swamp Sparrow	Bruant des marais
Zonotrichia albicollis	White-throated Sparrow	Bruant à gorge blanche
Zonotrichia leucophrys	White-crowned Sparrow	Bruant à couronne blanche
Zonotrichia querula	Harris's Sparrow	Bruant à face noire
Junco hyemalis	Dark-eyed Junco	Junco ardoisé
Calcarius lapponicus	Lapland Longspur	Bruant lapon
Plectrophenax nivalis	Snow Bunting	Bruant des neiges
Dolichonyx oryzivorus	Bobolink	Goglu

Agelaius phoeniceus	Red-winged Blackbird	Carouge à épaulettes
Sturnella magna	Eastern Meadowlark	Sturnelle des prés
Sturnella neglecta	Western Meadowlark	Sturnelle de l'Ouest
Xanthocephalus xanthocephalus	Yellow-headed Blackbird	Carouge à tête jaune
Euphagus carolinus	Rusty Blackbird	Quiscale rouilleux
Quiscalus quiscula	Common Grackle	Quiscale bronzé
Molothrus ater	Brown-headed Cowbird	Vacher à tête brune
Icterus spurius	Orchard Oriole	Oriole des vergers
Icterus galbula	Northern Oriole	Oriole du Nord

Famille Fringillidæ

Pinicola enucleator	Pine Grosbeak	Dur-bec des pins
Carpodacus purpureus	Purple Finch	Roselin pourpré
Carpodacus mexicanus	House Finch	Roselin familier
Loxia curvirostra	Red Crossbill	Bec-croisé rouge
Loxia leucoptera	White-winged Crossbill	Bec-croisé à ailes blanches
Carduelis flammea	Common Redpoll	Sizerin flammé
Carduelis hornemanni	Hoary Redpoll	Sizerin blanchâtre
Carduelis pinus	Pine Siskin	Chardonneret des pins
Carduelis tristis	American Goldfinch	Chardonneret jaune
Coccothraustes vespertinus	Evening Grosbeak	Gros-bec errant

Famille Passeridæ

Passer domesticus	House Sparrow	Moineau domestique